ART
WORKERS
FOR
FAIR P/AY

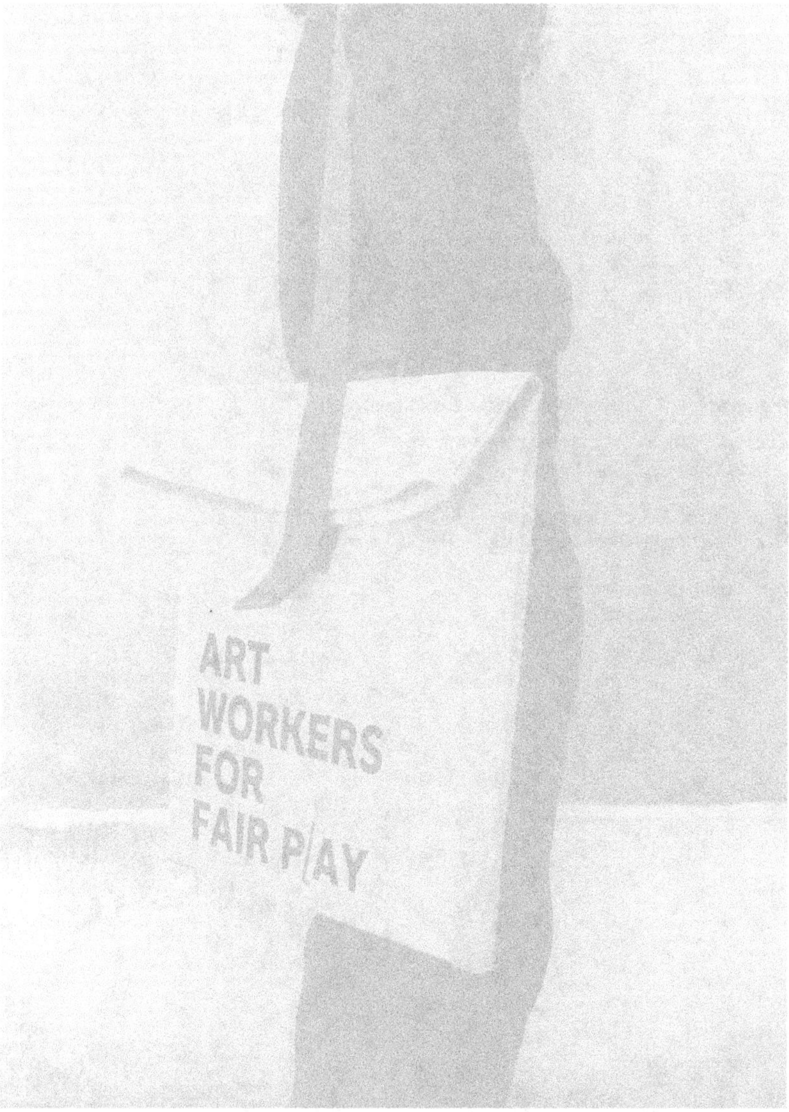

Who's art for? Art workers against exploitation

a cura di Nicoletta Daldanise e Irene Pittatore
© 2019 Postmedia Srl, Milano

Traduzioni di Cristina Berardo e
Francesca Sophie Giona (per il testo di Nuvola Ravera)

www.postmediabooks.it
ISBN 9788874902538

Who's art for?
Art workers against exploitation

a cura di

Nicoletta Daldanise e Irene Pittatore

postmedia●books

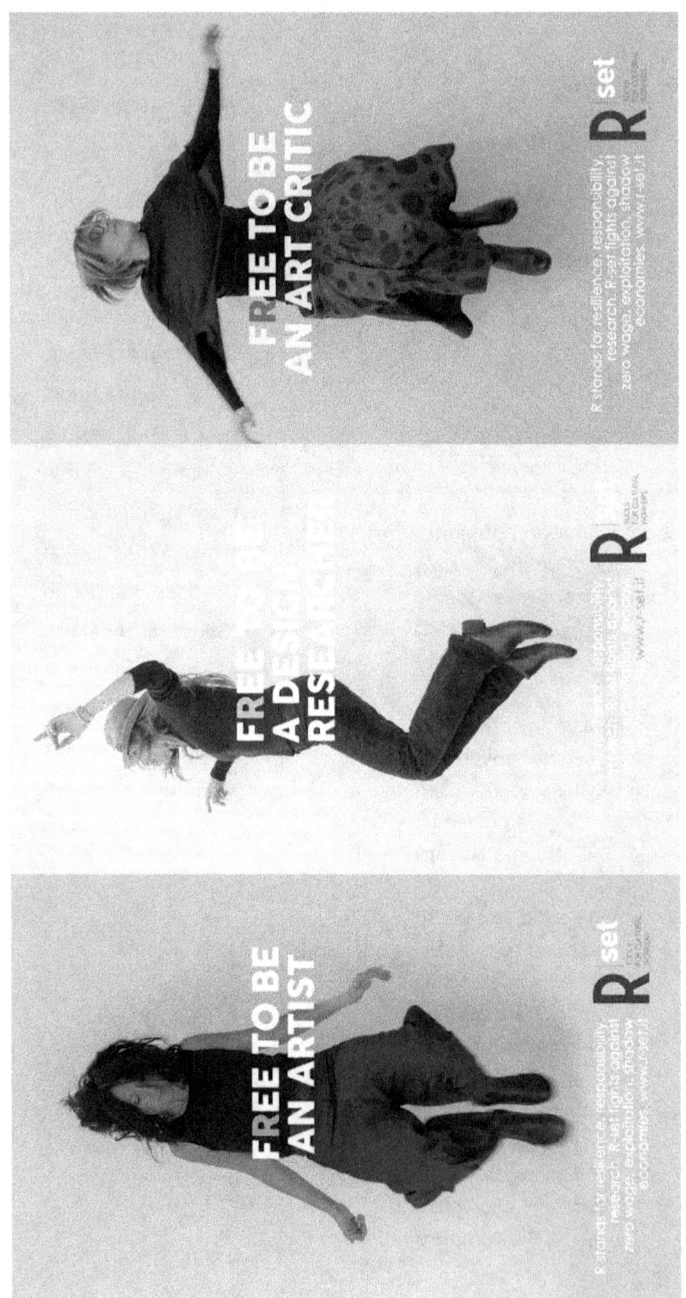

Irene Pittatore and Nicoletta Daldanise, *F(r)ee to be a cultural worker* campaign, 2015

Work hard and have fun(ds)

Irene Pittatore + Nicoletta Daldanise

Who's art for? Art workers against exploitation raccoglie opere e saggi di quindici artiste, ricercatrici e professioniste dell'arte dedicati allo sfruttamento del lavoro artistico e alla complessa sostenibilità delle pratiche di settore. La pubblicazione si inserisce in una più ampia cornice di azioni intraprese da Impasse (Irene Pittatore e Nicoletta Daldanise) a partire dal 2014 con il progetto *R-set / Tools for cultural workers*, per favorire un approccio solidale fra i professionisti dell'arte e della cultura e contrastarne l'isolamento e lo sfruttamento, in dialogo con istituzioni, professionisti di differenti settori e pubblico dell'arte.

Nel 2016 *The Art Newspaper* aveva posto un secco interrogativo – What is art for? – agli addetti ai lavori dell'arte e ai professionisti della scienza, del terzo settore, dell'industria, della medicina, della moda, invitandoli a riflettere sul ruolo dell'arte nelle nostre vite, sul suo senso e sul suo scopo.

La pubblicazione e il convegno *Who's art for? Art workers against exploitation* rispondono alla necessità di discutere a fondo anche di chi l'arte la fa, in quali condizioni e per chi.

La scelta di dedicare il bando di concorso ad artiste e ricercatrici è rintracciabile nel desiderio di contrastare l'esiguità di presenze e iscrizioni del femminile, così come del pensiero femminista e LGBTQI+, in sedi tradizionalmente preposte alla produzione, conservazione, valorizzazione della cultura come musei, gallerie d'arte, stampa di settore, collezioni, programmi espositivi ed educativi.

La partnership con un'associazione di promozione sociale come Rete al Femminile, tesa a promuovere una cultura imprenditoriale e di empowerment professionale per una parità di genere, sottolinea l'esigenza di costruire solidarietà tra professioniste di settori diversi che, in quanto lavoratrici, condividono simili esperienze di *gender gap*.

La selezione di testi e opere è avvenuta sulla base di una call internazionale. La Commissione di selezione è stata coinvolta nel processo stesso di istruzione del bando di concorso, nella definizione dei criteri di valutazione e della linea editoriale della pubblicazione. Si è scelto di dedicare il bando a questioni e criticità inerenti all'identità professionale, ai sistemi normativi e di monitoraggio dei rapporti lavorativi, alle politiche a sostegno della ricerca.

Nello specifico, l'obiettivo è stato quello di avviare un confronto di natura scientifica, a partire dalla pratica quotidiana di chi affronta le difficoltà del settore, con lo scopo di intravedere possibili soluzioni rispetto al riconoscimento delle professioni artistiche e all'urgenza di stabilire più equi compensi per gli incarichi professionali nel settore. Un'analisi delle più comuni espressioni di un sistema economico disfunzionale, che accetta come norma mostre a budget zero, impiego gratuito delle risorse artistiche all'interno delle politiche di welfare territoriale, poca attenzione al valore di un progetto in termini di ricadute sociali e scarsissimo sostegno alla ricerca, ha delineato le traiettorie da seguire. Si è di conseguenza posto l'accento sui modelli organizzativi, sulle tutele legali, sugli standard qualitativi degli ambienti di lavoro (v. programmi di residenza), sull'inclusione di categorie vulnerabili all'interno dei processi e dei progetti artistici, sulla trasparenza delle politiche culturali e sulla definizione di nuovi criteri per l'accesso a fondi pubblici e privati attraverso bandi di concorso.

Le autrici selezionate, Alba Colomo e Lucy Lopez, Federica Fontana, Eva Frapiccini, Jamie Hadrovic, Valentina Miorandi, Santa Nastro, Sandrine Nicoletta, Paz Ponce, Giada Pucci, Nuvola Ravera, Carme Sais Gruart, Anna Santomauro, con i contributi di Anna Pironti e Paola Dubini, hanno offerto ulteriori prospettive di riflessione, mettendo in luce la necessità di nuovi modelli di approccio al management delle organizzazioni culturali, di più efficienti sistemi di welfare e accompagnamento alla genitorialità, di maggiore attenzione nei confronti delle minoranze culturali e delle fasce sociali più svantaggiate, di contrasto al colonialismo culturale rintracciabile in alcuni contesti artistici, di una collettiva presa di coscienza delle reali condizioni materiali del lavoro artistico, affrancandosi dalla coercitiva e autolesionista ricerca di uno status symbol professionale a ogni costo.

L'augurio è che questa raccolta segni solo il fischio d'inizio per un dibattito sempre più strutturato, partecipato e continuativo, grazie al quale ci si riesce a riconoscere, soprattutto e finalmente, nella dignità di professioni indispensabili allo sviluppo sociale, culturale e anche economico delle nostre società.

Who's art for? Art workers against exploitation collects works and essays by fifteen artists, researchers and art professionals dedicated to the exploitation of artistic work and the complex sustainability of practices in the sector. The publication is part of a broader framework of actions undertaken by Impasse (Irene Pittatore and Nicoletta Daldanise) from 2014 with the project *R-set / Tools for cultural workers*, to promote a supportive approach between art and culture professionals and combat their isolation and exploitation, in dialogue with institutions, professionals from different sectors and the art public.

In 2016, *The Art Newspaper* posed a harsh question - What is art for? - to art professionals and professionals from science, the third sector, industry, medicine, fashion, inviting them to reflect on the role of art in our lives, its meaning and purpose.

The publication and the conference *Who's art for? Art workers against exploitation* respond to the need to discuss in depth also who makes art, under what conditions and for whom. The choice of dedicating the competition to artists and researchers can be traced back to the desire to counteract the scarcity of female presence and registration, as well as feminist and LGBTQI+ thinking, in locations traditionally responsible for the production, preservation, enhancement of culture such as museums, art galleries, trade press, collections, exhibition and educational programs.

The partnership with a social promotion association such as Rete al Femminile, aimed at promoting an entrepreneurial culture and professional empowerment for gender equality, underlines the need to build solidarity between professionals from different sectors who, as workers, share similar experiences of *gender gap*.

The selection of texts and works was made on the basis of an international call. The Selection Committee was involved in the very process of preparing the call for proposals, defining the evaluation criteria and the editorial line of the publication. The call for proposals was dedicated to issues and criticalities related

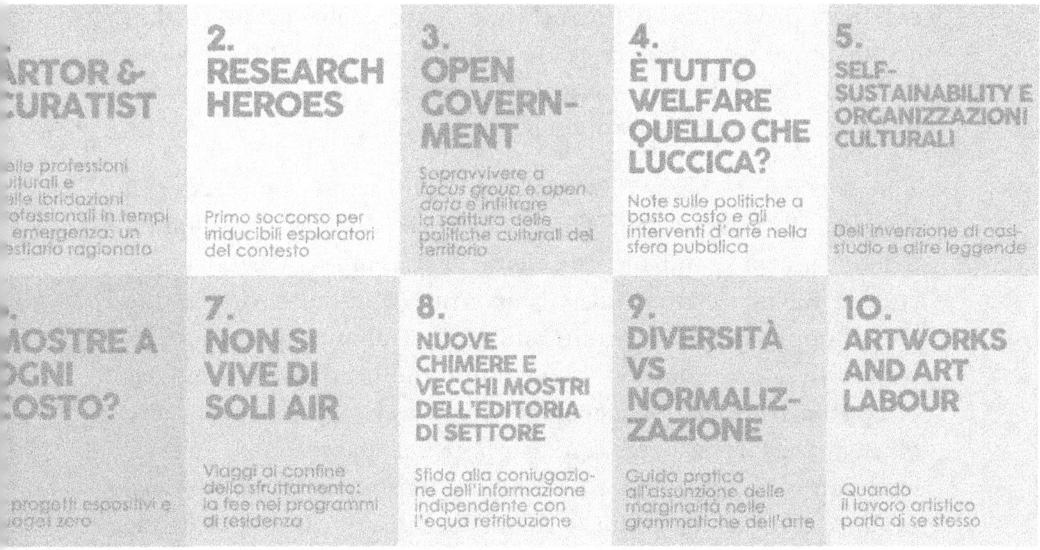

2. **RESEARCH HEROES**
Primo soccorso per irriducibili esploratori del contesto

3. **OPEN GOVERNMENT**
Sopravvivere a focus group e open data e infiltrare la scrittura delle politiche culturali del territorio

4. **È TUTTO WELFARE QUELLO CHE LUCCICA?**
Note sulle politiche a basso costo e gli interventi d'arte nella sfera pubblica

5. **SELF-SUSTAINABILITY E ORGANIZZAZIONI CULTURALI**
Dell'invenzione di casi-studio e altre leggende

7. **NON SI VIVE DI SOLI AIR**
Viaggi ai confine dello sfruttamento: la fee nei programmi di residenza

8. **NUOVE CHIMERE E VECCHI MOSTRI DELL'EDITORIA DI SETTORE**
Sfida alla coniugazione dell'informazione indipendente con l'equa retribuzione

9. **DIVERSITÀ VS NORMALIZZAZIONE**
Guida pratica all'assunzione delle marginalità nelle grammatiche dell'arte

10. **ARTWORKS AND ART LABOUR**
Quando il lavoro artistico parla di se stesso

Irene Pittatore and Nicoletta Daldanise, *Index to a Manifesto*, 2016

to professional identity, regulatory systems and monitoring of employment relationships, and policies to support research.

Specifically, the objective was to initiate a scientific debate, starting from the daily practice of those who face the difficulties of the sector, with the aim of seeing possible solutions with respect to the recognition of the artistic professions and the urgency of establishing fairer remuneration for professional assignments in the sector. An analysis of the most common expressions of a dysfunctional economic system, which accepts zero budget exhibitions as a rule, free use of artistic resources within the policies of territorial welfare, little attention to the value of a project in terms of social impact and very little support for research, has outlined the trajectories to follow. Consequently, emphasis was placed on organisational models, legal safeguards, quality standards in the workplace (see residency programmes), the inclusion of vulnerable groups within artistic processes and projects, the transparency of cultural policies and the definition of new criteria for access to public and private funds through calls for proposals.

The selected authors, Alba Colomo and Lucy Lopez, Federica Fontana, Eva Frapiccini, Jamie Hadrovic, Valentina Miorandi, Santa Nastro, Sandrine Nicoletta, Paz Ponce, Giada Pucci, Nuvola Ravera, Carme Sais Gruart, Anna Santomauro, with the contributions of Anna Pironti and Paola Dubini, offered further perspectives for reflection, highlighting the need for new models of approach to the management of cultural organisations, more efficient welfare systems and support for parenthood, greater attention to cultural minorities and the most disadvantaged social groups, contrasting cultural colonialism found in some artistic contexts, a collective awareness of the real material conditions of artistic work, freeing oneself from the coercive and self-defeating search for a professional status symbol at any cost.

Our hope is that this collection marks only the beginning of an increasingly structured, participatory and continuous debate, through which we can recognise ourselves, especially and finally, in the dignity of professions that are essential to the social, cultural and economic development of our societies.

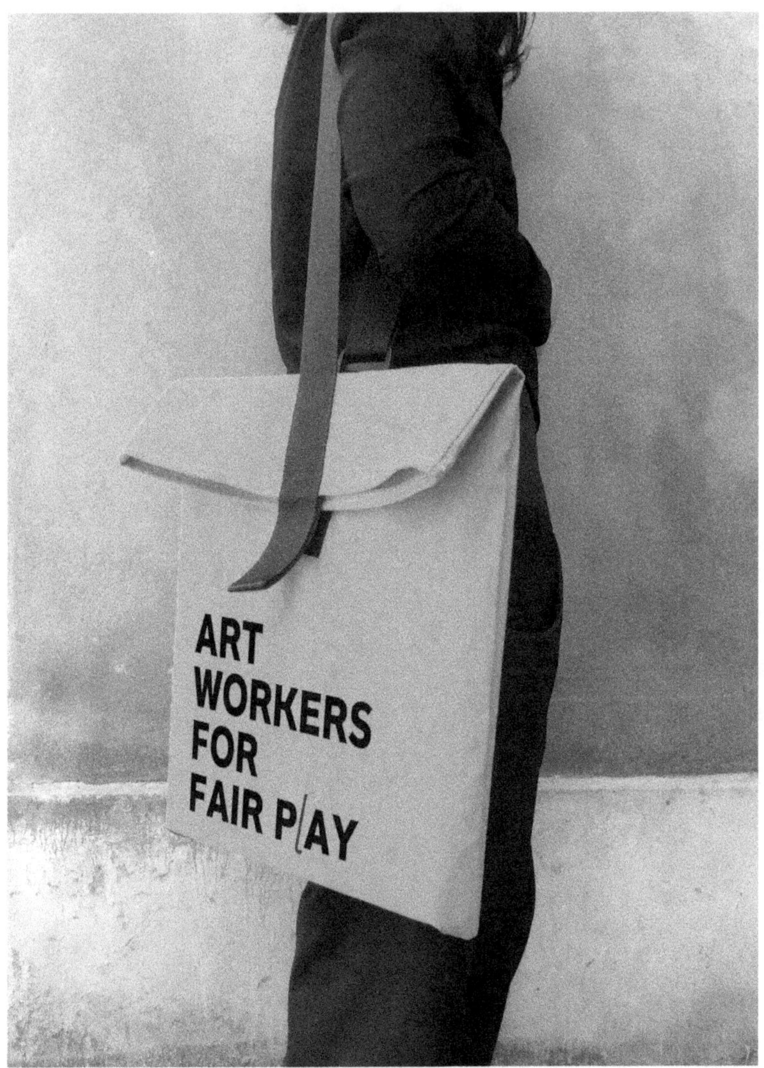

Join R-set. Wear your statement. The manifesto / bags designed in cooperation with the researchers of the Department of Architecture and Design of the Politecnico di Torino, with Ferrino emergency fabrics and Print Club Torino silkscreen printing. 2016

Paola Dubini, Professoressa di Economia Aziendale e
Direttrice del corso di laurea in Economia per le Arti, la
Cultura e la Comunicazione all'Università Bocconi
faculty.unibocconi.it/paoladubini/

Paola Dubini is Associate Professor of Business
Administration and Director of the Bachelor of Economics
for the Arts, Culture and Communication
faculty.unibocconi.it/paoladubini/

Ridurre la facilità di sfruttamento
Reducing ease of exploitation

Paola Dubini

La sostenibilità del lavoro culturale (come permettere a chi "la cultura la fa" di vedere riconosciuto e remunerato il proprio lavoro) è centrale nelle riflessioni relative alla cultura e alla sua possibilità di generare valore (per i singoli, per le comunità, economico, non economico).

La combinazione di tre fenomeni: concentrazione degli intermediari (pochi operatori che "fanno tanti numeri" a fronte i tantissimi operatori molto piccoli), la digitalizzazione (che ha abbassato notevolmente i costi di autoproduzione ma contribuito ad una crescita esponenziale dell'offerta, ad una standardizzazione dei processi e ad una riduzione dei tempi di reazione da parte dei pubblici e la globalizzazione hanno accentuato le imperfezioni dei mercati del lavoro culturale: pochissimi artisti hanno altissima visibilità, attenzione e risorse, moltissimi piccoli artisti e operatori che non avrebbero avuto alcuna possibilità di visibilità possono godere "del loro quarto d'ora di attenzione" e la classe media degli operatori, gli artisti locali, gli editori di catalogo, per citare qualche esempio, risulta fortemente schiacciata.

Le conseguenze sono ben note: dai membri dei consigli di amministrazione delle istituzioni culturali statali (che per legge non possono essere remunerati) ai fotografi free lancer, agli attori di teatro, ai progettisti culturali, le remunerazioni sono irrisorie, i tempi di pagamento e i rimborsi spese incerti, la precarietà molto diffusa. La fragilità delle organizzazioni culturali trova nel lavoro la sua espressione più dolorosa: ecosistemi fragili sono popolati da organizzazioni fragili che non riescono a sostenere persone nel loro processo di crescita artistica e professionale, che a loro volta non trascinano le organizzazioni che non diventano riferimenti di ecosistemi.

Non è solo un problema di remunerazione, ma anche di crescita professionale. Le persone che lavorano e sono remunerate in ambito culturale e artistico sono tante, ma anche quando sono incardinate in strutture stabili e che durano nel tempo, spesso sono demotivate, non ricevono formazione, non sono soggette a incentivi; questo genera piccole sacche di rendite di posizione per persone che si accontentano, che non vogliono imparare, che non vanno a lavorare contente. E questo mi pare paradossale: gli ambiti trasformativi per definizione rendono spesso molto difficile a chi ci lavora trasformarsi, essere nel presente.

Parte del problema è dato dalla natura stessa dei lavori artistici e culturali, che fanno una gran fatica ad essere resi visibili e legittimati, premesse indispensabili per essere remunerati e valorizzati. Il confine fra amatorialità e professionalità è sfumato. La differenza fra affermare "sono un'artista" o "dipingo" ha a che fare con una vocazione, con una aspirazione, con il talento, con il mestiere, con il riconoscimento da parte di terzi e da parte del mercato. E il mix dei fattori gioca in vario modo per ciascuno nel determinare dove si colloca il confine.

Un altro punto che vale la pena di considerare è che alcuni percorsi di formazione (penso in particolare a quelli artistici) sono finalizzati a selezionare i talenti migliori, a "costruire numeri 1", ma non considerano – e non aiutano gli allievi a considerare – quali possano essere i destini dei numeri 2 e 3, altrettanto capaci sul piano tecnico, ma semplicemente non perfetti. In questo le arti assomigliano moltissimo al mondo dello sport agonistico. In altri casi, i percorsi di formazione portano a sbocchi lavorativi e professionali anche molto diversi e distanti fra loro, il che crea l'impressione in parte dell'opinione pubblica che alcune lauree o diplomi siano meno spendibili sui mercati del lavoro di altri; se in più le istituzioni formative prima e il sistema dei pari poi non svolgono una robusta attività di orientamento, i difficili anni di inserimento nei percorsi lavorativi (che sono difficili per tutti) o di prima messa alla prova dei propri talenti artistici risultano davvero difficili. Inoltre, il processo di formazione artistica (e non solo) dura una vita, mentre in alcuni casi le carriere sono di breve durata (si pensi ad esempio ai ballerini), accorciando il tempo utile per determinare un ritorno di investimento. Infine, i termini professione, pratica, partecipazione e consumo sono concettualmente distinti, ma abbastanza confusi nella pratica, contribuendo a rendere difficile la relazione fra sforzo, risultato e remunerazione individuale e collettiva.

Per tutti questi motivi lo sfruttamento del lavoro culturale è facile da realizzare. E non aiuta il fatto che la retorica dell'arte come fatto estetico o quella dell'arte come valore intrinseco non siano messe abbastanza in relazione con quella dell'arte come processo di produzione e di fruizione.

Il lavoro artistico è lavoro; chi lo realizza ha diritto ad un equo compenso. E poiché i mercati del lavoro artistico sono imperfetti, l'ecosistema deve introdurre qualche meccanismo compensativo.

Me ne vengono in mente due:

- la solidarietà. Giuseppe Verdi ha destinato parte dei diritti di sua spettanza a sostenere la casa di riposo per musicisti che porta il suo nome; negli stessi anni Giulio Ricordi, che era il suo editore, aveva istituito la SIAE, che fra l'altro distribuisce risorse con spirito solidaristico. Analoghe forme di sostegno si trovano nelle logiche di funzionamento del MIBAC (i musei autonomi destinano una parte dei loro introiti in apposito fondo per i musei minori), come pure in esempi interessanti di comunità o di eventi che creano l'equivalente dei fondi accantonati dalle imprese per sostenere nuove produzioni, giovani artisti, situazioni di difficoltà.

- La trasparenza e la condivisione dei dati. I mondi dell'arte sono estremamente opachi e gli operatori dedicano tantissimo tempo ed energia al reperimento di fondi. Sistemi di concentrazione di informazioni e di dati (penso al meritorio lavoro di Che Fare nel segnalare bandi, residenze, opportunità) possono rendere il processo di ricerca più efficiente. Ancora, l'enorme mole di lavoro connessa alla preparazione presentazione valutazione di bandi e candidature si traduce in una scarsissima capacità degli ecosistemi di imparare. Questa è un'area di spreco su cui c'e' da lavorare.

The sustainability of cultural work (how to allow those who "do culture" to have their work recognised and remunerated) is central to the reflections on culture and its ability to generate value (for individuals, for communities, whether economic or not).

The combination of three phenomena, concentration of intermediaries (few operators who "make big numbers" against many very small operators), digitalisation (which has considerably lowered the costs of self-production but contributed to an exponential growth in supply, a standardisation of processes and a reduction in reaction times by the public) and globalisation have accentuated the imperfections of the cultural labour markets: very few artists have high visibility, attention and resources while many small artists and operators who would not have had any chance of visibility can enjoy "their fifteen minutes of attention" and the middle class of operators, local artists, catalogue publishers, for example, is strongly neglected.

The consequences are well known: from the members of the boards of directors of the state cultural institutions (which by law cannot be remunerated) to the freelancer photographers, to the actors of the theatre, to the cultural designers, the remunerations are derisory, the payment times and the reimbursement of expenses are uncertain and precariousness is widespread. The fragility of cultural organisations finds its most painful expression in work: fragile ecosystems are populated by fragile organisations that are unable to support people in their process of artistic and professional growth, which in turn do not lead organisations that do not become references to ecosystems. It is not only a question of remuneration, but also of professional growth. There are many people who work and are remunerated in the cultural and artistic field, but even when they work in well-established and stable structures, they are often demotivated, do not receive training and are not subject to incentives. This generates small forms of income for people who are satisfied, who do not want to learn, and who do not go to work happy. And this seems paradoxical to me: the transformative areas by definition often make it very difficult for those who work there to transform, to be in the present.

Part of the problem lies in the very nature of artistic and cultural jobs, which struggle to be made visible and legitimate, essential prerequisites for being paid and valued. The boundary between amateurism and professionalism is blurred. The difference between saying, "I am an artist" or "I paint" has to do with a vocation, with an aspiration, with talent, with the trade, with recognition by third parties and by the market. And the mix of factors plays in various ways in determining where the border is located.

Another point worth considering is that some training courses (I am thinking in particular of artistic ones) are aimed at selecting the best talents, at "creating numbers 1", but they do not consider - and do not help students to consider - what the destinies of numbers 2 and 3 might be, equally capable on a technical level, but simply not perfect. In this respect, the arts are very similar to the world of competitive sport. In other cases, training courses lead to very different and distant job opportunities, which creates the impression in part of the public opinion that some degrees or diplomas are less spendable on the labour markets than others are. If, in addition, the educational institutions and the system of peers do not carry out a robust activity of orientation, the difficult years of inclusion in the work paths (which are difficult for everyone) or the first test of their artistic talents is difficult. Moreover, the process of artistic training (and not only) lasts a lifetime, while in some cases the careers are short-lived (think for example of dancers), thus shortening the time needed to determine a return on investment. Finally, the terms profession, practice, participation and consumption are conceptually distinct, but quite confused in practice, helping to make the relationship between effort, result and individual and collective remuneration difficult. For all these reasons, the exploitation of cultural work is easy to achieve. And it does not help that the rhetoric of art as an aesthetic fact or of art as an intrinsic value are not sufficiently related to that of art as a process of production and fruition. Artistic work is work; those who do it have the right to fair compensation. In addition, since the art labour markets are imperfect, the ecosystem must introduce some compensatory mechanism.

I can think of two:

- Solidarity. Giuseppe Verdi allocated part of his rights to support the retirement home for musicians that bears his name. In the same years, Giulio Ricordi, who was his publisher, had established the SIAE, which also distributes resources with a spirit of solidarity. Similar forms of support can be found in the operating logic of the MIBAC (autonomous museums allocate a part of their income to a special fund for minor museums), as well as in interesting examples of communities or events that create the equivalent of funds set aside by companies to support new productions, young artists and difficult situations.

- Transparency and data sharing. The worlds of art are extremely opaque and operators devote a great deal of time and energy to raising funds. Information and data concentration systems (I am thinking of Che Fare's meritorious work in reporting calls for proposals, residencies, opportunities) can make the research process more efficient. Furthermore, the enormous amount of work related to the preparation of the evaluation of calls and applications translates into a very poor ability of ecosystems to learn. This is an area of waste where work needs to be done.

Anna Pironti, Responsabile Capo Dipartimento
Educazione Castello di Rivoli Museo d'Arte
Contemporanea
www.castellodirivoli.org/dipartimento-
educazione-introduzione/

Anna Pironti, Head Education Department Castello
di Rivoli Museo d'Arte Contemporanea
www.castellodirivoli.org/dipartimento-educazione-
introduzione/

Artenauta: la forza di resistere ai primati
Artenauta: the strenght to resist primates

Anna Pironti

Pensando ad una nuova definizione della professione di chi educa all'arte, *Artenauta* è il neologismo che pone al centro del processo di apprendimento creativo la relazione tra l'arte e il soggetto. In una prospettiva aperta, finalizzata allo sviluppo integrale delle persone, l'esperienza artistica associata al tema del viaggio configura l'idea dell'Artenauta come un viaggiatore esperto che, accogliendo gli altri nel suo percorso, si muove nello spazio/tempo dell'arte per garantire il massimo grado di accessibilità e il diritto di cittadinanza, per tutti, nei luoghi della cultura artistica contemporanea.

Partire da molto lontano, dal tempo mitologico per giungere alla stretta contemporaneità, ha di fatto configurato un cortocircuito spazio-temporale in cui il viaggio diviene la rappresentazione simbolica e reale del percorso di conoscenza, dell'esperienza che arricchisce. Il viaggio che avviene nello spazio/tempo dell'incontro con l'arte consente di amalgamare la conoscenza (artistica) alle esperienze che la vita propone. Il viaggio che, come afferma Bruce Chatwin, non solo allarga la mente, ma al contempo le dà forma.

In principio furono gli argonauti che veleggiavano nel mar Egeo in cerca del Vello d'oro. In un tempo molto più vicino a noi gli astronauti approdarono sulla Luna, l'astro a lungo vagheggiato e finalmente raggiunto dall'uomo. Un sogno realizzato e vissuto in presa diretta in ogni angolo del pianeta anche grazie alla televisione. Nel tempo presente l'internauta si muove nella piazza virtuale trovando nella rete il suo spazio di condivisione, mentre il viaggio più estremo è certamente quello compiuto dal comanauta, chi torna alla vita dalla premorte, dopo aver affrontato l'ignoto durante il coma. In altri contesti si definisce il gastronauta, novello Virgilio, accompagnatore esperto nel viaggio tra gli infiniti sapori che la dimensione globale rende sempre più accessibili.

In questa linea di pensiero si configura la definizione di Artenauta, il viaggiatore dell'arte. La persona che per passione o professione condivide a pieno titolo l'esperienza artistica, attraversando il mondo dell'arte nel tempo presente e non solo. Colui che compie "il viaggio" inteso come autentica esperienza di vita e conoscenza. Considerato che, se ogni cosa esige di essere espressa attraverso le parole, queste sono importanti, poiché configurano le identità "il mondo esiste perché abbiamo parole per nominarlo". Di fatto, ogni elemento del reale, una cosa, ma anche una persona, comincia a vivere nel mondo sociale e culturale nel momento in cui le si dà un nome. Con il termine *Artenauta* s'intende innescare un processo virtuoso rivolto a tutti e finalizzato all'inclusione sociale che al contempo definisce in modo suggestivo un ambito professionale che attingendo al potenziale della dimensione educativa dell'arte, si arricchisce di nuovo senso e significato.

When considering a new definition of the profession of those educating about art, *Artenauta* is a neologism that places the relationship between art and the subject at the heart of the creative learning process. In an open perspective, aimed at people's integral development, the artistic experience associated with the subject of the journey creates the idea of the Artenauta as an expert traveler who, welcoming others to his journey, moves in the space/time of art in order to guarantee the greatest amount of accessibility and the right of citizenship for all in the places of contemporary artistic culture.

Starting out from afar, from mythological time, to arrive at absolute contemporaneity, it has created a spatial-temporal circuit in which the journey becomes both the symbolic and the real representation of the path to knowledge, of the experience that enriches. The journey that takes place in the space/time of the encounter with art, permits the amalgamation of (artistic) knowledge with the experiences proposed by life. The journey that, as Bruce Chatwin says, not only broadens the mind but shapes it at the same time.

In the beginning, there were the Argonauts who sailed on the Aegean Sea looking for the Golden Fleece. In a much closer time, the astronauts landed on the Moon, the star so yearned for and finally reached by mankind - a dream come true and lived directly in every corner of the planet, also thanks to television. In the present time, the internaut moves in the virtual world, finding on the net his space for sharing, while the most extreme journeys are, undoubtedly, those made by the comanauts who return to life from pre-death after facing the unknown during their comas. Within other contexts, there is also the gastronaut, a new Virgil, the expert travel companion amongst the infinite flavors that the global dimension renders ever more accessible. Following this line of thinking we can create the definition of the Artenauta, the traveler through art - the person who, whether for passion or profession, fully and rightfully shares artistic experience, crossing the world of art in the present time and beyond - those who make "the journey" seen as an authentic experience of life and knowledge. Considering that, if everything needs to be expressed through words, the latter are important because they form identities - "the world exists because we have words to name it". In effect, every element of the real world, a thing but also a person, begins to live in the social and cultural world in the moment in which they are given a name. With the expression *Artenauta*, we intend to trigger a virtual process addressing everyone and aimed at social inclusion which, at the same time evocatively defines a professional ambit that, by drawing on the potential of the educational dimension of art, is enriched with new meaning and significance.

testi / papers

Alba Colomo, operatrice culturale attualmente
impegnata nella programmazione del TEA Tenerife.
Lucy Lopez, curatrice in residenza presso Grand
Union, ricercatrice associata presso Eastside Projects
e ricercatrice presso la Birmingham School of Art,
www.grand-union.org.uk | www.eastsideprojects.org

Alba Colomo is a cultural worker currently programming
at TEA Tenerife. Lucy Lopez is curator in Residence at
Grand Union, Associate Researcher at Eastside Projects,
and PhD student at Birmingham School of Art,
www.grand-union.org.uk | www.eastsideprojects.org

Le Istituzioni come Ecosistemi
Institutions as Ecosystems

Alba Colomo + Lucy Lopez

Vogliamo parlare di sostenibilità: sia per quanto riguarda il modo in cui le istituzioni artistiche sono sostenute sia per il loro impatto ecologico. Approcciando questo testo, ci troviamo all'inizio dell'istituzione di qualcosa: un centro d'arte femminista, seppur ancora senza nome. Quale potrebbe essere una buona pratica, in un momento come questo? Qual è l'organizzazione artistica necessaria per un pubblico senza futuro? E come sarebbe un'organizzazione sostenibile e femminista?

Nel clima attuale siamo esausti: è un momento di *burn-out*, sia planetario che personale. Non manca un'arte che parla dei problemi urgenti del nostro tempo: il clima, i conflitti, l'aumento del razzismo, la necessità di trovare modi di vivere e lavorare per un futuro sostenibile. Se è vero che tutto questo si applica all'ambito della programmazione, non stiamo tuttavia considerando la posizione da cui parliamo come operatori artistici. Sogniamo un'istituzione che applichi all'organizzazione lo stesso pensiero, lo stesso rigore e la stessa criticità con cui forma i propri programmi artistici: le sue modalità di istituzione, il suo management, la sua cultura del lavoro, al fine di modellare l'istituzione artistica come immagine di ciò che vorremmo istituire nel mondo.

Numerosi studiosi e curatori hanno scritto e teorizzato di questi temi. Ad esempio, come scrive Andrea Phillips, *"così come i centri d'arte si sono plasmati ad essere luoghi della performance neoliberista, così che potessero trasformarsi nuovamente in luoghi dove si sperimentano e si eseguono quotidianamente pratiche di uguaglianza: non solo attraverso la realizzazione di mostre ed eventi, ma anche attraverso l'equità nella gestione del personale e nelle strutture retributive [.....]"*. (Phillips, 2017). Ma come possiamo testare ed applicare tali *pratiche di uguaglianza?* Avendo noi stessi tentato queste pratiche di ripensamento e ristrutturazione all'interno delle organizzazioni esistenti, considerate le politiche di cura e il benessere del personale, ci siamo presto rese conto dell'apparente impossibilità di cambiare queste strutture dal basso e dei processi traumatici che questo spesso comporta.

Inoltre, nel 2017, Nataša Petrešin-Bachelez ha presentato un caso *"Per istituzioni slow"*, con un appello ai curatori a *"immaginare nuove ecologie di cura come una pratica continua di sostegno... per aprire radicalmente i nostri confini istituzionali e mostrare come questi lavori rendano - o no - le nostre organizzazioni palpabili, udibili, senzienti, morbide, porose e, soprattutto, decoloniali e anti-patriarcali"* (Petrešin-Bachelez, 2017). Nel pensare come si possa costruire in termini reali un'istituzione lenta, le *ecologie della cura* potrebbero essere intese in due sensi: una pratica di cura interna all'organizzazione (che adotta un approccio femminista al lavoro, riconsiderando la struttura e la politica); e, subito dopo, una pratica di cura per il nostro posto nell'ecologia più ampia.

• • •

In realtà, la maggior parte di questa teoria non è stata ancora messa in pratica e molti di coloro che scrivono e riflettono sulla cura e sulle pratiche femministe lavorano nei confini di strutture patriarcali. È proprio questa la domanda, rispetto a come mettere in pratica tutte queste idee, che riteniamo essere più urgente: come generare un'infrastruttura sostenibile che si inquadri in questi valori?

Il Women's Centre for Creative Work (WCCW) di Los Angeles e tranzit.cz di Praga sono tra le poche organizzazioni ad aver adottato idee simili nella pratica, anche se molte altre sono state affrontate nella programmazione e nelle dichiarazioni pubbliche. Nel nostro tentativo di costruire un'istituzione femminista, guardiamo al lavoro di queste organizzazioni come punto di partenza e di riferimento.

Il WCCW è stato fondato nel 2013 in quanto organizzazione non-profit che si occupa di *makers* e comunità femministe a Los Angeles. Da allora hanno portato avanti un lavoro incredibile sulla trasparenza istituzionale radicale, pubblicando bilanci e processi amministrativi sotto forma di un kit di strumenti per chi cerca di creare uno spazio comunitario, non solo nel loro quartiere, ma offrendo un manuale aperto ad altre organizzazioni simili, in uno spirito femminista. I loro valori fondamentali sono i seguenti:

> *Il Women's Center for Creative Work è uno spazio in cui l'autodeterminazione, il rispetto e la cura per se stessi e per gli altri sono al di sopra di tutto; curiamo e rispettiamo l'organizzazione, la sua capacità, la sua struttura e le sue partecipanti; c'è una comprensione radicalmente espansiva e intersezionale del femminismo che è donna e di ciò che è esperienza femminile; c'è una comprensione radicalmente espansiva della pratica creativa; le donne trans e cis, femme e non binarie trovano godono di preferenza, senza alcuna necessità di giustificazione; coltiviamo uno spirito di generosità e gioia; onoriamo la nostra rete in continua espansione come una risorsa preziosa; sosteniamo il femminismo in quanto pratica attiva di evoluzione. (womenscenterforcreativework.com)*

In uno spirito simile, il progetto *Feminist (Art) Institution* a cura di Tereza Stejskalová, presso tranzit.cz a Praga, ha recentemente esposto i principi di una tale istituzione, di cui sono cofirmatari insieme ad altre organizzazioni locali, impegnandosi ad integrarli nella loro pratica quotidiana:

> *Un'organizzazione artistica femminista è autocritica; l'etica delle proprie operazioni interne è importante per un'istituzione artistica femminista quanto il programma con cui si presenta al pubblico; un'istituzione artistica femminista si basa su una comprensione femminista del lavoro; un'istituzione artistica femminista considera come assioma che la società contemporanea sia patriarcale, così come il mondo dell'arte contemporanea. (feministinstitution.cz/code-of-practice/)*

Se è vero che i cardini del nostro impegno devono ancora essere definiti, alcuni di questi, in particolare, sembrano già riflettere i nostri dibattiti e siamo sicuri che saranno al centro di qualsiasi iniziativa futura:

1. *L'etica delle proprie operazioni interne è importante per un'istituzione artistica femminista quanto il programma con cui si presenta al pubblico;*
2. *Un'istituzione artistica femminista si basa su una comprensione femminista del lavoro;*
3. *L'autodeterminazione, il rispetto e la cura per se stessi e per gli altri sono al di sopra di tutto;*
4. *C'è una comprensione radicalmente espansiva e intersezionale del femminismo, di chi è una donna e di cosa è l'esperienza femminile;*
5. *Noi sosteniamo il femminismo come pratica attiva ed evolutiva;*
6. *Coltiviamo uno spirito di generosità e di gioia.*

(1-2: tranzit.cz, 3-6: WCCW)

Al momento stiamo analizzando il lento processo per costruire con queste premesse fin dall'inizio, lavorando allo sviluppo dei nostri principi come punto di partenza.

• • •

È possibile stabilire una connessione tra il *burn-out* di chi ci circonda e quello della natura; risorse esaurite da ambienti di lavoro abusivi e mega-corporazioni vittime dell'ultima forma di capitalismo? Certamente, l'istituzione artistica deve funzionare come parte di un ecosistema non isolato, ma piuttosto connesso alla nostra società più ampia, a sostegno della comunanza e della codipendenza, piuttosto che del lavoro individuale.

Guardare al lavoro svolto in altri campi, in particolare alla sostenibilità, ci è stato utile. Quando Rudolf Steiner tenne le sue conferenze sull'agricoltura nel 1924, uno dei punti focali era l'interconnessione di tutti gli esseri e il modo in cui essi operano all'interno dell'organismo più grande della Terra. I principi dell'agricoltura biodinamica e il loro approccio olistico all'essere nel mondo, definito da Steiner come *"un processo consapevole, partecipativo e responsabile che porta la guarigione al suolo, alle piante, agli animali, agli uomini e al pianeta"* (Steiner, 1993), potrebbe essere potenzialmente un modello utile per immaginare e costruire una futura istituzione artistica sostenibile.

Un'istituzione è un ecosistema, *"una comunità di organismi viventi in sinergia con le componenti non viventi del loro ambiente, che interagisce come sistema"* (Steiner, 1993). Dal personale addetto alla manutenzione, ai protocolli amministrativi, all'edificio stesso. Affinché ciò sia sostenibile, deve garantire che tutte le capacità e i bisogni siano equilibrati e curati, riconoscendo l'interdipendenza tra tutti al suo interno e favorendo così la biodiversità. Un modo di pensare alla cura in questo contesto è quello definito da Joan C.Tronto e Bernice Fisher:

> *Un'attività della specie che include tutto ciò che facciamo per mantenere, continuare e riparare il nostro "mondo" in modo da poterci vivere nel miglior modo possibile.*
> *Quel mondo include il nostro corpo, il nostro io e il nostro ambiente, che cerchiamo di intrecciare in una rete complessa e vitale.*
> (Fisher and C. Tronto, 1990)

Seguendo questo pensiero, possiamo collocarci in un quadro interconnesso di affetti e azioni: un'istituzione come ecosistema. Questo breve testo non può rispondere a tutte le nostre domande. Serve tuttavia anche come punto di partenza, ponendo l'attenzione sulle questioni di lentezza e biodiversità in relazione all'istituzione artistica e ai suoi lavoratori. Proponiamo che tali preoccupazioni abbiano rilevanza non solo in termini di programmazione, ma anche per le infrastrutture delle istituzioni, le loro strutture interne e le loro pratiche di lavoro. Ci siamo proposti di pensare insieme a loro fin dall'inizio, cercando di capire e, potenzialmente, costruire l'istituzione necessaria per il momento attuale.

Feminist (Art) Institution, un progetto di tranzit.cz: feministinstitution.cz/code-of-practice/

Petrešin-Bachelez, N. (2017) *For Slow Institutions*, in "e-flux issue 85, October 2017. Disponibile sut: www.e-flux.com/journal/85/155520/for-slow-institutions/

Phillips, A. (2017) *Reclaiming participation: arts centres and the reinvention of social condensation*, in "The Journal of Architecture", vol.22:3

Women's Centre for Creative Work: womenscenterforcreativework.com

Steiner, R. 1993. Agriculture: Spiritual Foundations for the Renewal of Agriculture. Biodynamic Association

Fisher, Bernice, and Joan C. Tronto. "Toward a Feminist Theory of Care." In *Circles of Care: Work and Identity in Women's Lives*, edited by Emily K. Abel and Margaret K. Nelson. State University of New York Press, 1990

We want to talk about sustainability: both in terms of how art institutions are sustained, and their ecological impact. Approaching this text, we find ourselves at the beginning of instituting something: a feminist art centre, as yet unnamed. What could be good practice, in a moment like this? What is the art organisation needed for a no-future public? And what would a sustainable, feminist organisation look like?

In the current climate(s) we are exhausted: this is a time of burn out, both planetary and personal. There is no lack of art which speaks to the urgent issues of our time: climate, conflict, rising facism, the need to find ways to live and work towards sustainable futures. But whilst this exists in the realm of programming, we are neglecting to address the position from which we speak as art workers. We are dreaming of an institution that applies the same thought, the same rigour and criticality, with which it forms its artistic programmes, to the organisation itself: its modes of instituting, its management, its working culture, with a view to modelling the art institution as a figure of that which we would wish to institute in the world.

Numerous academics and curators have written and theorized on these issues. For example, as Andrea Phillips writes, *"just as arts centres have morphed into sites of the performance of neoliberalism, so they could transform again into locations where we test and perform practices of equality on a daily basis: not just through the making of exhibitions and events but through equal staffing and pay structures [...]"* (Phillips, 2017). But how might we test and perform these *practices of equality*? Having ourselves attempted these practices of rethinking and restructuring from within existing organisations - considering care policies and staff wellbeing - we soon realised the apparent impossibility of changing these structures from below, and the traumatic processes this often entails.

Further, in 2017, Nataša Petrešin-Bachelez made a case *For Slow Institutions*, with a call to curators to *"imagine new ecologies of care as a continuous practice of support...to radically open up our institutional borders and show how these work — or don't — in order to render our organizations palpable, audible, sentient, soft, porous, and above all, decolonial and anti-patriarchal"* (Petrešin-Bachelez, 2017). In thinking how a slow institution could be built in real terms, these *ecologies of care* could be understood twofold: a practice of care internal to the organisation (which takes a feminist approach to work, reconsidering structure and policy); and quite directly, a practice of care for our place in the wider ecology.

• • •

In reality, most of this theory has not yet been put into practice - and many of those who write and reflect on care and feminist practices, themselves work in the confines of patriarchal structures. It is precisely this question, about how to put all these ideas into practice, that we feel is the most urgent: how might we generate a sustainable infrastructure which is framed by these values?

The Women's Centre for Creative Work (WCCW) in LA, and tranzit. cz in Prague are among the very few organisations who have taken up similar ideas in practice, though many others have addressed them in programming and public statements. As we endeavour to build a feminist institution, we look to the work of these organisations as a starting point and a reference.

WCCW was established in 2013 as a non-profit organisation centring LA's feminist makers and communities. Since this time they have been doing incredible work around radical institutional transparency, publishing budgets and administrative processes in the form of a toolkit for others who endeavour to create a community space - not only building this in their neighbourhood but offering an open resource handbook for other similar organisations, in a feminist spirit. Their core values are laid out as follows:

> *The Women's Center for Creative Work is a space where: self-determination, respect, and care for oneself and others is maintained above all else; we care for and respect the organization, its capacity, its facility, and its participants; there is a radically expansive and intersectional understanding of feminism, who is a woman, and what is female experience; there is a radically expansive understanding of creative practice; trans and cis women, femme and non-*

binary folks are in a place of preference, unqualified & unapologetically; we cultivate a spirit of generosity and joy; we honor our ever-expanding network as a valuable resource; we advocate for feminism as an active and evolving practice. (womenscenterforcreativework.com)

In a similar spirit, the project *Feminist (Art) Institution* curated by Tereza Stejskalová at tranzit.cz in Prague recently set out the tenets of a such an institution, to which they and other local organisations have co-signed, committing to build these into their everyday practice:

A feminist art organization is self-critical; The ethics of its own internal operations are as important to a feminist art institution as the programme by which it presents itself to the public; A feminist art institution is based on a feminist understanding of work; A feminist art institution takes it as an article of faith that contemporary society is patriarchal, as is the contemporary art world. (feministinstitution. cz/code-of-practice/)

Whilst our own commitments have yet to be drafted - some of these in particular seem to reflect our own conversations and we are sure they will be at the centre of any future instituting endeavour:

1. *The ethics of its own internal operations are as important to a feminist art institution as the programme by which it presents itself to the public;*
2. *A feminist art institution is based on a feminist understanding of work;*
3. *Self-determination, respect, and care for oneself and others is maintained above all else;*
4. *There is a radically expansive and intersectional understanding of feminism, who is a woman, and what is female experience;*
5. *We advocate for feminism as an active and evolving practice;*
6. *We cultivate a spirit of generosity and joy.*

(1-2: tranzit.cz, 3-6: WCCW)

We are now considering the slow process of building in these aspects from the beginning, working to develop our own commitments as a starting point.

. . .

Is it possible to draw a connection between the burn-out of our peers and the burn-out of nature; resources depleted by abusive work environments and mega-corporations under late stage capitalism? Certainly, the art institution needs to function as part of an ecosystem - not isolated but rather connected to our wider society - in support of commonality and codependence rather than individuated labour.

Looking to the work done in other fields, particularly around sustainability, has been useful to us. When Rudolf Steiner gave his lectures on agriculture in 1924, one of the main focus points was on the interconnectedness of all beings, and how they operate within the greater organism of the Earth. Biodynamic farming principles and their holistic approach to being in the world - defined by Steiner as a *"conscious, participatory, and responsible process which brings healing to soil, plants, animals, people, and planet"* (Steiner, 1993) - could potentially be a useful model in imagining and building a future sustainable art institution.

An institution is an ecosystem, *"a community of living organisms in conjunction with the nonliving components of their environment, interacting as a system"* (Steiner,1993). From maintenance staff, to administrative protocols, to the building itself. In order for this to be sustainable, it needs to ensure that all capacities and needs are balanced and cared for, acknowledging interdependence between all within it, and so fostering biodiversity. One way of thinking about *care* in this context is as defined by Joan C.Tronto and Bernice Fisher:

> *A species activity that includes everything that we do to maintain, continue, and repair our 'world' so that we can live in it as well as possible. That world includes our bodies, our selves, and our environment, all of which we seek to interweave in a complex, life-sustaining web. (Fisher and C. Tronto, 1990)*

Following this thought, we can situate ourselves in an interconnected framework of affects and actions: an institution as an ecosystem. Whilst this short text cannot answer all our questions, it too serves as a starting point, placing the urgent concerns of slowness and biodiversity in connection to the art institution and its workers. We propose that these concerns have relevance not just in programming terms, but also for the infrastructures of institutions- their internal structures and working practices - and we set out to think with them from the beginning, looking to understand - and, potentially, build - the institution needed for the current moment.

Feminist (Art) Institution, a project by tranzit.cz:

feministinstitution.cz/code-of-practice/

Petrešin-Bachelez, N. (2017) 'For Slow Institutions', in "e-flux" issue 85, October 2017. Available at: www.e-flux.com/journal/85/155520/for-slow-institutions/

Phillips, A. (2017) 'Reclaiming participation: arts centres and the reinvention of social condensation', in "The Journal of Architecture", vol. 22:3

Women's Centre for Creative Work: womenscenterforcreativework.com

Steiner, R. 1993, *Agriculture: Spiritual Foundations for the Renewal of Agriculture*, Biodynamic Association

Fisher, Bernice, and Joan C. Tronto. *Toward a Feminist Theory of Care*. In *Circles of Care: Work and Identity in Women's Lives*, edited by Emily K. Abel and Margaret K. Nelson. State University of New York Press, 1990

Federica Fontana, storica dell'arte
e ricercatrice indipendente
inanimanti.com

Federica Fontana, art historian and
independent researcher
inanimanti.com

Io amo il mio lavoro.
Sulla passione e la felicità nelle industrie culturali
I love my job.
On passion and happiness in cultural industries

Federica Fontana

Nel 1960 Jim Dine si rovescia in testa un secchio di vernice rosso sangue. È truccato da pagliaccio, inquadrato da un cono di luce e ha indosso una palandrana dello stesso colore. Dietro di lui un muro sommariamente intonacato di bianco. La performance prevede che a un certo punto l'artista intinga il pennello e inizi a scrivere sulla parete una frase che dice: "I love what I'm doing", mentre la pittura colando ammanta il concetto di sfumature spettrali. L'opera si intitola *The Smiling Workman*, la vernice è in realtà succo di pomodoro e l'azione una provocazione nei confronti dei colleghi dell'espressionismo astratto, eppure continua a tornarmi in mente quando si tratta di pensare al precariato nel settore culturale. Perché non c'è niente di più favorevole allo sfruttamento che l'amore per il proprio lavoro.

Nel 2009 un saggio di Andrew Ross ha inquadrato perfettamente la situazione: come primo prodotto dell'era postfordista, l'idea che l'uomo sia responsabile di se stesso e del proprio benessere e successo attraverso la gestione più o meno strategica delle proprie risorse ha avvelenato sul nascere le industrie creative[1]. La massima "Fai quello che ami, ama quello che fai" è il mantra di un'intera generazione di precari all'inseguimento dell'onda perfetta, ma mentre dà l'illusione di liberare le coscienze, riporta l'orologio indietro di secoli impiantando uno spartiacque tra mestieri di serie A - intellettuali, creativi, socialmente ambiti - e di serie B - meccanici, ripetitivi, indifferenziati e quindi molto difficili da amare[2].

1. A. Ross, *Nice work if you can get it: Life and Labor in Precarious Times*, New York University Press, New York 2009.

2. M. Tokumitsu, "In the Name of Love" in *Slate*, 16 gennaio 2014.

Attribuita originariamente a François Rabelais, ma sicuramente pronunciata per l'ultima volta da Steve Jobs, la frase non si rivolge direttamente ai professionisti dell'arte ma in fondo non ce n'è bisogno: nel settore questo è già una *forma mentis* perfettamente interiorizzata. In qualsiasi contesto si prenda in considerazione, l'amore ad ogni costo si rivela un'arma a doppio taglio.

Come insegna il Conscious Capitalism (un movimento che vede nella persecuzione di un nobile scopo una proficua comunione d'intenti tra azienda e personale) impegnarsi per una causa in cui si crede alleggerisce il peso delle ore lavorative al punto da non sentirle e da far percepire il guadagno come qualcosa di superfluo, perfino immorale[3]. Dopotutto perché essere pagati per fare una cosa che ha un valore più alto del denaro? L'amore trova la sua ricompensa in se stesso. La remunerazione è l'azione stessa, sentire di esser stati parte di qualcosa di grande.

"Fà quello che ami e non lavorerai più un solo giorno della tua vita" diceva Confucio, ma probabilmente non si riferiva a uno stage non pagato.

Mentre per gli attori del sistema dell'arte (curatori, critici, accademici, addetti ai lavori a vario titolo) la scelta è mossa inequivocabilmente dalla passione - quando non dalla mera rincorsa a un riconoscimento sociale o dalla brama di ritagliarsi un posto nel dibattito culturale - per gli artisti creare è una necessità vitale insopprimibile. Produrre opere è un'urgenza fisica, un imperativo categorico che agisce a prescindere dalla ragione economica; anzi, il suo valore si eleva tanto più è impossibile da monetizzare. Fare arte è un "survival constraint", un imperativo di sopravvivenza, come definito da David Throsby[4]. Che sia finanziata o meno, l'arte continuerà ad essere prodotta, il che rende la figura dell'artista squattrinato e bohémien ben lontana da uno stereotipo.

3. J. Mackey, R. Sisodia, B. George, *Conscious Capitalism*, Harvard Business Review Press, Harvard 2014.

4. D. Throsby, *The Economics of Cultural Policy*, Cambridge University Press, Cambridge 2010, p. 81.

L'eterno dissidio tra impulso creativo e bollette da pagare è pressante al punto da assumere risvolti paradossali, come nel caso di Ben Kinmont che nel 1994 ha aggirato l'ostacolo mettendo in pratica il famoso aforisma di Andy Warhol "Being good in business is the most fascinating kind of art. Making money is art and working is art and good business is the best art"[5] e con *Sometimes a nicer sculpture is being able to provide a living for your family*, ha trasformato la sua fonte di sussistenza nella sua opera più grande, dando un perfetto saggio di unione tra arte e vita. Da allora, quando gli chiedono se chiamarlo arte abbia reso più sopportabile il suo mestiere di rivenditore di libri antichi, la sua risposta è sempre sì, gli affari vanno bene e la sua famiglia ha sempre di che sfamarsi[6].

A onor di cronaca un simile escamotage era già stato tentato una ventina di anni prima dall'artista concettuale Mierle Laderman Ukeles, che nel 1976 aveva chiesto ad alcune centinaia di operai in un edificio di New York di provare a considerare il proprio lavoro come un atto artistico per un'ora al giorno, con esiti ovviamente imprevedibili. L'opera, passata alla storia con il nome di *I Make Maintenance Art One Hour Every Day*, riusciva per un attimo a strappare l'arte dall'empireo del sublime per ricollocarla nel regno delle attività produttive.

Al di là di queste eccezioni l'alibi della vocazione è comunque sempre dietro l'angolo, perché dopotutto che senso ha retribuire una pulsione naturale? Una trappola simile ha legato le donne e le faccende domestiche fin dall'alba dei tempi[7]. Nel saggio "Politics of Art: Contemporary Art and the Transition to Post-Democracy" Hito Steyerl sottolinea che per secoli l'alibi è stato lo stesso: la retorica dello spirito materno e della predisposizione biologica a prendersi cura della famiglia e del suo nido è bastata a negare al lavoro di casalinga lo status di una forza trainante dell'economia liberale, e quindi a considerarne superflua la retribuzione.

---

5. A. Warhol, *The Philosophy of Andy Warhol: From A to B and Back Again*, Harcourt Books, Orlando 1975, p. 87.

6. J. Bryan-Wilson, *Occupational realism*, in TDR/The Drama Review, vol. 56, n. 4, inverno 2012, pp. 32 – 35.

7. La condizione è ben argomentata nel saggio *Capitalism in the Web of Life* di Jason W. Moore.

Allo stesso modo le industrie creative si sostengono soprattutto sulle donne, che con le loro inclinazioni affettive tengono a galla il sistema donando ore e ore di lavoro invisibile e non riconosciuto che, se anche viene pagato, lo è sempre e comunque meno di quello degli uomini[8].

Mentre Laderman Ukeles ha passato ore in ginocchio a strofinare i gradini del Wadsworth Atheneum museum in Connecticut per denunciare la disparità di trattamento tra lavori umili, tradizionalmente femminili, e maschili nella performance *Hartford Wash: Washing, Track*, con *8 hours of Work* Sharon Finnegan ha tradotto il cortocircuito tra iperproduttività e precarietà e l'alienazione che caratterizza oggi la produzione artistica in generale. Il 9 giugno del 2012 Finnegan si è confinata in una galleria di Brooklyn con diverse risme di carta, che ha riempito scrivendo due sole frasi "I should work less", "I should work more" per la durata di un'intera giornata lavorativa.

L'amore, si sa, è uno stato di oscillazione costante tra certezze e insicurezze, un desiderio sempre insoddisfatto, un anelito d'infinito che si autoalimenta. Nei dialoghi platonici Amore è figlio di Risorsa e Povertà e in quanto tale sempre privo di mezzi e bramoso di possederli. In qualsiasi sua forma Amore è devozione e accettazione, è perseveranza oltre ogni ragionevole buon senso. E, soprattutto, istiga al sacrificio[9]. In nome dell'amore accettiamo tutto con il sorriso.

Il concetto di "niceness" è un altro punto interessante, perché il peggio è che l'assenza di certezze, sia nell'amore che nel lavoro, viene accettata con un sorriso a 32 denti. Sul concetto di "niceness" nel mondo dell'arte ha scritto in particolare l'artista Martha Rosler[10] ma è innegabile che la cordialità sia una componente strutturale dell'intero precariato, anzi, dell'intero

8. H. Steyerl, *The Politics of Art: Contemporary Art and the Transition to Post-Democracy* in H. Steyerl, *The Wretched of the Screen*, Sternberg Press, New York 2012, p. 96. On the same topic, see also: K. Praznik, *The Paradox of Unpaid Artistic Labor: the Autonomy of Art, the Avant-Garde, and Cultural Policy in the Transition to Post-Socialism*, Založba Sophia, Ljubljana 2016.

9. Plato, Symposium, pp. 265–66, archive.org/stream/PlatosSymposium/Plato-Symposiumbenardete - page/n17/mode/2up.

10. Martha Rosler, "Why Are People Being So Nice?", *e-Flux Journal* n.77, novembre 2016.

imprendicariato, quel particolare ibrido tra precario e imprenditore che ha descritto così bene Silvio Lorusso nel saggio "Entreprecariat. Siamo tutti imprenditori, nessuno è al sicuro"[11]. Una positività da esibire, uno stato di sovraeccitazione entusiastica necessaria a vendersi come prodotto competitivo sul mercato e a dare un'immagine solare e aproblematica di sé, che vada a oliare le relazioni sociali, così cruciali nell'arte per trovare lavoro. "Fake it 'til you make it", come si dice nel mondo dell'imprenditoria: fingiti felice finché non lo sarai davvero[12]. Una felicità ostentata anche nella comunicazione di musei e gallerie, che si personificano sui social sbracciandosi in un'emozionalità enfatica e funzionale all'odierna economia dell'esperienza memorabile.

Nel frattempo, le comunicazioni via mail tra operatori marcano a uomo il trend, destrutturandosi in formule sempre più colloquiali e dislocandosi in qualsiasi ora del giorno e della notte per assicurare la massima reperibilità. Così nelle industrie creative la cortesia e l'amore diventano gli strumenti con cui i lavoratori - oggi arbitri del proprio destino - si scavano la fossa, nella convinzione che accettare un lavoro non pagato e dedicarci più tempo di quanto farebbero se fosse invece retribuito sia un passaggio obbligato sulla via della professionalizzazione, o semplicemente un compromesso essenziale per non perdere il posto. L'amore, la vocazione, la cortesia, sono la maschera di bellezza di un sistema crudo e butterato, che rinforza disuguaglianze economiche e di genere e che non contempla un'alternativa. Si sorride e non si denuncia, pena l'esclusione dal sistema. E se fallisci è solo colpa tua. Si sorride, si lavora decine e decine di ore non pagate e si ingoia un gigantesco secchio di pomodoro che sa di sangue.

11. Silvio Lorusso, *Entreprecariat. Siamo tutti imprenditori. Nessuno è al sicuro*, Krisis Publishing, Brescia 2018.

12. *Ibidem*, pp.65-66.

In 1960, Jim Dine pours a bucket of blood-red paint on his head.

He is dressed as a clown, framed by a cone of light, and is wearing a coat of the same colour.

Behind him is a wall roughly plastered with white. At a certain point during the performance, the artist dips the brush and starts writing on the wall a sentence that says: "I love what I'm doing", while the dripping paint conveys ghostly nuances. The work is called *The Smiling Workman*, the paint is actually tomato juice and the action is a provocation against colleagues of abstract expressionism. Yet, it keeps coming back to my mind when it comes to thinking about precariousness in the cultural sector. Because there is nothing more conducive to exploitation than love for one's own work. In 2009, an essay by Andrew Ross perfectly portrayed the situation: as the first product of the post-Fordist era, the idea that man is responsible for himself and for his own well-being and success through the more or less strategic management of his resources poisoned creative industries[1]. The saying "Do what you love, love what you do" is the mantra of an entire generation of precarious people in pursuit of the perfect wave. However, while it gives the illusion of freeing their consciences, it also takes the clock back centuries by implanting a watershed between A series jobs - intellectual, creative, socially coveted - and B series jobs - mechanical, repetitive, undifferentiated and therefore very difficult to love[2]. Originally attributed to François Rabelais, but certainly pronounced for the last time by Steve Jobs, the phrase is not addressed directly to art professionals but after all there is no need: in the field this is already a mind form perfectly internalised. Whatever the context, love at any cost is a double-edged sword. As Conscious Capitalism teaches (a movement that sees the persecution of a noble purpose as a fruitful communion of intent between company and staff) committing oneself to a cause we believe in lighten the weight of working hours to the point of not feeling them and of making people perceive profit as something superfluous, even immoral[3]. After all, why be paid to do something that is more valuable than money?

---

1. A. Ross, *Nice work if you can get it: Life and Labor in Precarious Times*, New York University Press, New York 2009.

2. M. Tokumitsu, "In the Name of Love" in *Slate*, 16 gennaio 2014.

3. J. Mackey, R. Sisodia, B. George, *Conscious Capitalism*, Harvard Business Review Press, Harvard 2014.

Love finds its reward in itself.

Remuneration is the action itself, the feeling that you have been part of something great.

"Do what you love and you won't work a single day of your life" Confucius said, but he probably didn't mean an unpaid internship. While for the actors of the art system (curators, critics, academics, qualified staff) the choice is unequivocally driven by passion - when not by the mere pursuit of social recognition or the desire to carve out a place in the cultural debate - for artists, creating is an irrepressible vital necessity. Producing works is a physical urgency, a categorical imperative that acts regardless of economic reason; indeed, the lower the possibility to monetise, the higher the value. Making art is a survival constraint, an imperative for survival, as defined by David Throsby[4].Whether funded or not, art will continue to be produced, which makes the figure of the penniless and bohemian artist far from a stereotype.

The eternal disagreement between the creative impulse and the bills to be paid is pressing to the point of assuming paradoxical implications, as in the case of Ben Kinmont who, in 1994, circumvented the obstacle by putting into practice Andy Warhol's famous aphorism "Being good in business is the most fascinating kind of art. Making money is art and working is art and good business is the best art"[5] and with *Sometimes a nicer sculpture is being able to provide a living for your family*, he has transformed his source of subsistence into his greatest work, giving a perfect blend of art and life. Since then, every time they asked him if calling it art has made his job as a dealer of antique books more bearable, his answer was always yes, business was good and his family was never hungry[6].

To be honest, such a trick had already been attempted some twenty years earlier by the conceptual artist Mierle Laderman Ukeles, who in 1976 had asked a few hundred workers in a building in New York to try to consider their work as an artistic act for an hour a day. The

4. D. Throsby, *The Economics of Cultural Policy*, Cambridge University Press, Cambridge 2010, p. 81.

5. A. Warhol, *The Philosophy of Andy Warhol: From A to B and Back Again*, Harcourt Books, Orlando 1975, p. 87.

6. J. Bryan-Wilson, *Occupational realism*, in TDR/The Drama Review, vol. 56, n. 4, inverno 2012, pp. 32 – 35.

results were obviously unpredictable. The work, which went down in history under the name of *I Make Maintenance Art One Hour Every Day*, managed for a moment to snatch art from the empyrean of the sublime and place it back in the realm of productive activities. Beyond these exceptions, the alibi of vocation is always around the corner, because after all, what sense does it make to pay for a natural impulse? A similar trap has tied women and household chores since the dawn of time[7]. In the essay "Politics of Art: Contemporary Art and the Transition to Post-Democracy" Hito Steyerl underlines that for centuries the alibi has been the same: the rhetoric of the maternal spirit and of the biological predisposition to take care of the family and its nest has been enough to deny to the work of housewife the status of a driving force of the liberal economy, and therefore to consider its remuneration superfluous. In the same way, the creative industries are supported above all by women, who with their affective inclinations keep the system afloat by donating hours and hours of invisible and unrecognised work that, even if it is paid, is always considered less than that of men[8].

While Laderman Ukeles spent hours on her knees rubbing the steps of the Wadsworth Atheneum museum in Conneticut to denounce the disparity in treatment between humble, traditionally feminine, and masculine works in the performance *Hartford Wash: Washing, Track*, with *8 hours of Work* Sharon Finnegan translated the short circuit between hyper-productivity and precariousness and the alienation that characterises artistic production in general today. On June 9, 2012 Finnegan confined herself to a gallery in Brooklyn with several reams of paper, which she filled by writing just two sentences "I should work less", "I should work more" for the duration of an entire working day. Love, you know, is a state of constant oscillation between certainties and insecurities, a desire always unfulfilled, a yearning for infinity that feeds itself. In Plato's Dialogues, Love is the son of Resource and Poverty and as such is always deprived of means and eager to possess them.

---

7. This condition is well argued in the essay *Capitalism in the Web of Life* by Jason W. Moore.

8. H. Steyerl, *The Politics of Art: Contemporary Art and the Transition to Post-Democracy* in H. Steyerl, *The Wretched of the Screen*, Sternberg Press, New York 2012, p. 96. On the same topic, see also: K. Praznik, *The Paradox of Unpaid Artistic Labor: the Autonomy of Art, the Avant-Garde, and Cultural Policy in the Transition to Post-Socialism*, Založba Sophia, Ljubljana 2016.

In whatever form, Love is devotion and acceptance, it is perseverance beyond all reasonable common sense. And, above all, it incites to sacrifice[9]. In the name of love we accept everything with a smile.

The concept of "niceness" is another interesting point, because what's worst is that the absence of certainties, both in love and in work, is accepted with a shining smile. On the concept of "niceness" in the world of art, the artist Martha Rosler wrote extensively[10], but it is undeniable that cordiality is a structural component of the entire precariousness, or rather, of the entire entreprecariusness, that is that particular hybrid between precarious and entrepreneur that Silvio Lorusso described so well in his essay "Entreprecariat. Siamo tutti imprenditori, nessuno è al sicuro"[11]. A positivity to exhibit, a state of enthusiastic overexcitement necessary to sell oneself as a competitive product on the market and to give a sunny and unproblematic image of oneself, which helps social relations, so crucial in art to find work. "Fake it 'til you make it", as they say in the world of entrepreneurship[12]. A happiness that is also flaunted in the communication of museums and galleries, which personify themselves on social networks, wandering in an emphatic and functional emotionality for today's economy of memorable experience. In the meantime, e-mail communications between operators chase trend, deconstructing themselves into increasingly colloquial formulas and relocating themselves at any time of day or night to ensure maximum availability. Thus, in the creative industries, courtesy and love become the tools with which workers - today arbitrators of their own destiny - dig the grave, convinced that accepting an unpaid job and dedicating more time to it than they would if it were instead paid is an obligatory step on the path of professionalisation, or simply an essential compromise in order not to lose their jobs. Love, vocation, courtesy, are the mask of beauty of a raw and crippled system, which reinforces economic and gender inequalities and which does not contemplate an alternative. One smiles and does not denounce, under

9. Plato, Symposium, pp. 265–66, archive.org/stream/PlatosSymposium/Plato-Symposiumbenardete - page/n17/mode/2up.

10. Martha Rosler, "Why Are People Being So Nice?", *e-Flux Journal* n.77, november 2016.

11. Silvio Lorusso, *Entreprecariat. Siamo tutti imprenditori. Nessuno è al sicuro*, Krisis Publishing, Brescia 2018.

12. *Ibidem*, pp.65-66.

penalty of exclusion from the system. And if you fail, it's your fault. You smile, you work dozens and dozens of unpaid hours and you swallow a giant bucket of tomato that tastes like blood.

bibliografia / bibliography

Abbing H., *Why Are Artists Poor? The Exceptional Economics of the Arts*, Amsterdam University Press, Amsterdam 2002.

Armano E., Murgia A. (a cura di), *Mappe della precarietà - Knowledge workers, creatività, saperi e dispositivi di soggettivazione*, vol. 2, Emil, Bologna 2012.

Bryan-Wilson J., *Occupational realism*, in "TDR/The Drama Review" vol. 56, n. 4, winter 2012.

Gill R., *"Life is a pitch": managing the self in new media work*, in Deuze M. (ed.) *Managing MediaWork,* Sage, Londra 2010.

Lorusso S., *Entreprecariat. Siamo tutti imprenditori. Nessuno è al sicuro*, Krisis Publishing, Brescia 2018.

Mackey J., Sisodia R., George B., *Conscious Capitalism*, Harvard Business Review Press, Harvard 2014.

Moore J. W., *Capitalism in the Web of Life*, Verso Books, Brooklyn 2015.

Praznik K., *The Paradox of Unpaid Artistic Labor: the Autonomy of Art, the Avant-Garde, and Cultural Policy in the Transition to Post-Socialism*, Založba Sophia, Ljubljana 2016.

Quigg A., *Bullying in the Arts, Vocation, Exploitation and Abuse of Power*, Gower Publishing Limited, Farnham 2011.

Raunig G., Ray G. & Wuggenig U. (a cura di), *Critique of Creativity. Precarity, Subjectivity and Resistance in the 'Creative Industries'*, May Fly Books, Londra 2011.

Rosler M., *Why Are People Being So Nice?*, in "e-Flux Journal" n.77, novembre 2016.

Steyerl H., *The Politics of Art: Contemporary Art and the Transition to Post-Democracy* in Steyerl H., *The Wretched of the Screen*, Sternberg Press, New York 2012.

Throsby D., *Economic analysis of artists' behaviour: some current issues*, in "Revue d'économie politique" vol. 120, 2010/1.

Warhol A.,*The Philosophy of Andy Warhol: From A to B and Back Again*, Harcourt Books, Orlando 1975.

webography

Fox G., "The rise of conscious capitalism", *Forbes*, March 26th, 2019.
www.forbes.com/sites/gretchenfox/2019/03/26/the-rise-of-conscious-capitalism/#3385606a139d

Mallouk E., "On Laboring for Love", April 3rd, 2014.
www.artpractical.com/feature/on-laboring-for-love/

Plato, *Symposium*.
archive.org/stream/PlatosSymposium/PlatoSymposiumbenardete – page/n17/mode/2up

Tokumitsu M., "In the Name of Love", *Slate*, January 16th, 2014. www.slate.com/articles/technology/technology/2014/01/do_what_you_love_love_what_you_do_an_omnipresent

Eva Frapiccini, artista e ricercatrice
www.evafrapiccini.com

Eva Frapiccini, artist and researcher
www.evafrapiccini.com

La genitorialità è il nuovo tabù?
Does parenthood represent the new taboo?

Eva Frapiccini

Negli ultimi decenni sono state proposte diverse forme di sostenibilità rivolte ai creativi, artisti, musicisti, filmakers, (etc.) per rispondere all'assenza nel panorama internazionale di una scena contemporanea italiana, costellata da poche eccellenze spesso cresciute grazie al welfare di Paesi europei. Dietro alla produzione, ai successi ci sono le vite di individui di varie età, genere e provenienza economica.

Il problema della sostenibilità di un lavoro "intermittente", e quindi poco sostenibile nel tempo, ha trovato soluzioni diverse in vari Paesi. Solo per citarne alcune: lo stipendio per les metiers intermittants in Francia, lo Statut d'Artiste in Belgio; gli "stipends" per mid-careers and fellowships del Mondrian Fund in Olanda (per mid-careers, per i primi 5 anni di carriera, per attrezzature, per internazionalizzare etc...).

Ma qui vorrei sottoporre un altro tema che è ancora più nascosto della disparità di genere in sè, ed è un tema spesso ignorato: essere donne artiste sì, ma anche madri. In Italia, la fusione tra la poca rappresentatività delle donne nel sistema dell'arte, si fonde con la scarsa risoluzione di un welfare che permetta di essere madri – lavoratrici, come avviene oltralpe.

In Italia, manca un sistema che permetta alle donne di lavorare e avere famiglia (in qualsiasi lavoro), e la necessità di molte artiste di muoversi per sostenersi taglia fuori le madri che vogliono dare stabilità ai loro figli. Per esempio, considerando che le residenze per artisti negli ultimi 10 anni sono state supporto, ma la maggior parte di esse non accetta bambini viene da chiedersi se sia sbagliato fare figli per il sistema dell'arte.

È ovvio che al di là delle personali condizioni (economiche o familiari) il problema non è se si riesca o meno a conciliare i due ruoli, ma se le organizzazioni e gli operatori del sistema contemplino la genitorialità nelle loro policies per rispettare la differenza tra generi.

In tutta Europa e negli Stati Uniti sono nate negli ultimi 10-20 anni diverse organizzazioni che vogliono sensibilizzare il mondo delle arti a politiche di conciliazione tra il parenthood e la professionalità artisitica. Ho chiesto ad una delle più longeve di spiegarci struttura e impatto esterno. The Sustainable Arts Foundation (www.sustainableartsfoundation.org/about/) si trova a San Francisco. Nata nel 2010, è arrivata ormai a quasi 10 anni di attività ed è andata crescendo nel tempo. Nel 2015, i suoi fondatori Caroline and Tony Grant sono arrivati a finanziare il lavoro di artisti e organizzazioni fino a 500 $. Si legge sul loro sito internet *La Sustainable Arts Foundation* sostiene artiste e scrittrici con figli. Offriamo aiuti in denaro senza restrizioni su base annuale. Almeno metà di tali aiuti in denaro sono destinati a persone di colore. Sosteniamo anche le residenze di artisti per facilitare l'approccio ai programmi offerti.

Ecco cosa mi hanno raccontato Tony e Caroline della loro esperienza.

E.F. Qual è stato il punto di partenza della Sustainable Foundation? Potete spiegare un po' la vostra missione e quale forma di supporto fornite?

C.&T.G. Abbiamo costituito la fondazione nel 2010 per condividere la nostra fortuna e aiutare ad assicurare che i genitori che perseguono il lavoro creativo possano contare su una forma di sostegno. Il padre di Tony era un pittore e scultore quindi Tony è cresciuto pensando che avere un genitore artista fosse perfettamente normale. Fu solo dopo la morte del padre, lui e Caroline avevano già dei figli, che riconobbe quanto fosse raro, e anche l'impatto che avere dei figli aveva avuto sulla carriera del padre. Quando abbiamo costituito la fondazione, Caroline era la caporedattrice di una rivista chiamata Literary Mama, e aveva co-editato un libro di saggi chiamato Mama, Ph.D, un dottorato di ricerca sulla maternità e la vita accademica. Era immersa in un mondo di donne che navigavano tra la gioia e le sfide, la tensione e l'equilibrio nell'educazione dei figli e l'impatto conseguente sul lavoro. Questi due filoni hanno contribuito a plasmare la formazione della fondazione.

Offriamo supporto agli artisti-genitori attraverso due programmi principali.

Il primo è il nostro programma di aiuti individuale attraverso il quale offriamo premi in denaro senza restrizioni ad artisti e scrittori in base al portfolio presentato. Il secondo è il nostro programma di borse di studio dedicato alle residenze di artisti per avvicinare i programmi offerti ai genitori.

E.F. Come hanno reagito la vostra famiglia e la vostra cerchia artistica alla vostra idea? Quali problemi avete incontrato all'inizio del vostro lavoro di attivisti?

C.&T.G. Parlavamo di questa possibilità da più di un anno ma si trattava principalmente di una cosa tra di noi, quindi presentarlo come un concetto completamente formato è stata sicuramente una sorpresa. Ma il sostegno all'idea è stato, e continua ad essere, forte e unanime. Quando cercavamo qualche consiglio esterno su come strutturare in modo specifico la fondazione e i programmi, all'inizio siamo stati un po' scoraggiati rispetto ai nostri piani per sostenere i singoli artisti. La maggior parte delle fondazioni portano avanti il loro lavoro filantropico scrivendo assegni ad altre organizzazioni. Sostenere direttamente i singoli artisti richiede molto lavoro cartaceo e approvazione da parte del governo, e molto più lavoro per gestire e rivedere le candidature. Andare avanti con questo aspetto del nostro programma è stata una delle decisioni più gratificanti che abbiamo preso in quanto il contatto con singoli artisti e scrittori è stato davvero stimolante.

E.F. Quanti artisti avete aiutato fino ad oggi?

C.&T.G. Abbiamo aiutato più di 200 artisti e scrittori nei primi nove anni del nostro programma individuale. Il nostro programma per le sovvenzioni per le residenze artistiche ha sostenuto più di 100 sovvenzioni ed oltre 50 programmi offrendo piò di cento tutoraggi.

E.F. Avete ricevuto qualche riconoscimento ufficiale per la vostra iniziativa?

C.&T.G. Ci stiamo lavorando da quasi dieci anni ormai. Abbiamo presentato il nostro lavoro a panel e sessioni in molte conferenze nazionali, tra cui Grantmakers in the Arts, l'Association of Writers and Writing Programs, l'Alliance of Artists Communities, e la College Art Association. Siamo membri attivi del Grantmakers nelle Arts and the Alliance of Artists Communities, due organizzazioni nazionali che promuovono il supporto e il networking tra i finanziatori e i programmi delle residenze artistiche. Alcune citazioni del nostro lavoro si possono trovare nei link riportati di seguito:

www.giarts.org/blog/steve/member-spotlight-sustainable-arts-foundation
www.giarts.org/i-once-was-blind
www.pw.org/content/parents_writers
bostonparentspaper.com/article/how-artistic-parents-can-stay-creative.html

E.F. Pensando all'industria creativa su scala globale, quali sono i bisogni da affrontare per bilanciare l'uguaglianza e offrire migliori condizioni di genitorialità?

C.&T.G. Di gran lunga, la cosa più importante di cui gli artisti genitori hanno bisogno è il tempo. La stragrande maggioranza delle domande di applicazione per il nostro programma individuale richiedono una forma di assistenza all'infanzia. L'assistenza all'infanzia è cruciale per gli artisti e gli scrittori affinché possano proseguire la loro carriera lavorativa. Tuttavia, questo aspetto emerge anche nel corollario di opportunità disponibili agli artisti: partecipare ai ricevimenti organizzati dalle gallerie d'arte, ai programmi delle residenze artistiche, tenere presentazioni in conferenze, etc. Molte di queste attività sono fondamentali per il networking, per lo sviluppo professionale e forse sono ancora più importanti per alleviare quel senso di isolamento che i genitori provano quando non riescono a creare legami con i propri colleghi. Offrire forme di assistenza all'infanzia o fondi dedicati lascia ai genitori il tempo di dedicarsi ad attività di questo tipo.

Attraverso il nostro programma di sovvenzione per le residenze artistiche, promuoviamo l'importanza dell'accoglienza degli artisti genitori. Se sul sito di un'organizzazione non vengono menzionati possibili aiuti per i genitori, la maggior parte di questi crederà che si tratti di un programma al quale non potranno partecipare. La semplice inclusione di riferimenti a genitori o bambini (es. "Accogliamo artisti con bambini e siamo lieti di rispondere a qualsiasi domanda possiate avere sul nostro programma") è un gesto davvero importante.

In recent decades, various forms of sustainability have been proposed to artists, musicians, filmmakers, (etc.) to respond to the absence on the international scene of a contemporary Italian scene, dotted with a few excellences often grown thanks to the welfare of European countries. Behind the production, the successes are the lives of individuals of various ages, gender and economic origin.

The problem of the sustainability of an "intermittent" work, and therefore not very sustainable over time, has found different solutions in various countries. Just to mention a few: the salary for the intermittent metiers in France, the Statut d'Artiste in Belgium; the "stipends" for the mid-careers and fellowships of the Mondrian Fund in Holland (for mid-careers, for the first 5 years of their career, for equipment, for internationalisation, etc...).

Here, however, I would like to present another theme that is even more hidden than the gender disparity in itself, and often ignored: being female artists yes, but also mothers. In Italy, the fusion between the lack of representation of women in the art system merges with the lack of a welfare system that allows us to be mothers and workers, as it happens across the Alps.

In Italy, there is not a system that allows women to work and have families (in any field), and the need for many artists to move to support themselves marginalises mothers who want to give stability to their children. For example, considering that residencies for artists in the last 10 years have been supportive but most of them do not accept children, one wonders if it is wrong to have children for the art system.

It is obvious that beyond personal conditions (economic or family-related) the problem is not whether the two roles can be reconciled or not, but whether the organisations and operators of the system contemplate parenting in their policies to respect the difference between genders.

Throughout Europe and the United States, in the last 10-20 years, several organisations have been set up to raise awareness in the world of the arts regarding policies aimed at reconciling parenthood with artistic professionalism.

I asked one of the oldest female artists to explain structure and external impact. The Sustainable Arts Foundation (www.sustainableartsfoundation. org/about/) is located in San Francisco. Founded in 2010, it has now reached almost 10 years of activity and has been growing over time. In 2015, its founders Caroline and Tony Grant financed the work of artists and organisations up to $ 500. Their website says *The Sustainable Arts Foundation supports artists and writers with children. We make annual unrestricted cash awards to individuals; at least half of these awards are made to applicants of color. We also support artist residencies in their efforts to make their programs more family friendly.*

Here is what Tony and Caroline told me about their experience.

E.F. What was the point of departure of the Sustainable Foundation? Can you explain a bit the mission and what form of supports you provide?

C.&T.G. We formed the foundation in 2010 as a way to share our good fortune, and to help ensure that parents pursuing creative work had an avenue of support. Tony's father was a painter and sculptor and Tony grew up thinking that having a parent who was an artist was perfectly normal. It was only after his father had died, and he and Caroline had their own kids, that he recognized how rare that was, and also the impact that having kids had on his father's career. At the time we formed the foundation, Caroline was the editor-in-chief of a magazine called Literary Mama, and had co-edited a book of essays called Mama, Ph.D about motherhood and academic life, so she was immersed in a world of women navigating the joy and challenges, tension and balance of raising children and its impact on one's work. These two threads helped shape the formation of the foundation.

We offer support to parent-artists through two main programs. The first is our individual awards program, through which we offer unrestricted cash awards to individual artists and writers based on the strength of a submitted portfolio. The second is our residency grant program which offers grants to artist residencies to make their programs more parent-friendly.

E.F. How did your family and artistic circle react to your idea? What issues have you met at the beginning of your work as an activist?

C.&T.G. While we'd been discussing the possibility for over a year, most of that was just between the two of us, so presenting this as a fully-formed concept was definitely a surprise. But, the support for the idea was, and continues to be, unanimously strong. In seeking some outside advice for how specifically to structure the foundation and its programs, we got some early push back about our plans to support individual artists. Most foundations do their philanthropic work by writing checks to other organizations. Supporting individual artists directly requires more paperwork and approval from the government, and a lot more work to manage and review applications. Moving forward with this aspect of our program has been one of the most rewarding decisions we've made, as the contact with individual artists and writers has been truly inspiring.

E.F. How many artists have you supported until today?

C.&T.G. We've supported over 200 artists and writers in the first nine years of our individual awards program. Our residency grant program has supported over 100 grants to over 50 different residency programs enabling residency opportunities for hundreds of parent-artists.

E.F. Have you received any official recognition for your initiative?

C.&T.G. We've been at this for nearly ten years now. We have presented our work on panels and sessions at many national conferences, including Grantmakers in the Arts, the Association of Writers and Writing Programs, the Alliance of Artists Communities, and the College Art Association. We are active members of Grantmakers in the Arts and the Alliance of Artists Communities, two national organizations that promote advocacy and networking among arts funders and residency programs respectively.

Some online mentions of our work can be found via the links below:

www.giarts.org/blog/steve/member-spotlight-sustainable-arts-foundation
www.giarts.org/i-once-was-blind
www.pw.org/content/parents_writers
bostonparentspaper.com/article/how-artistic-parents-can-stay-creative.html

E.F. Thinking on a global scale in the creative industry, what needs should be addressed to balance equality and better conditions on the parenthood?

C.&T.G. By far, the most important thing that parent artists need is time. The vast majority of applications for our individual award program are requesting some version of childcare. At the most fundamental level, childcare is crucial for artists and writers to be able to pursue their work. But it also comes up more subtly in the variety of ancillary opportunities available to artists: attending gallery receptions, attending residency programs, presenting at conferences, etc. Many of these activities are crucial for networking, professional development, and perhaps most importantly for alleviating the sense of isolation that occurs when parents aren't connecting with their colleagues and peers in this way. Providing childcare or funds for childcare gives parent artists the time to engage in these opportunities.

Through our residency grant program specifically, we promote the importance of welcoming parent artists. If no mention of parents and accommodation for their needs is listed on an organization's website, then most parents will assume it's not a program that's going to be possible for them. The simple inclusion of language that mentions parents or children (e.g. "We welcome artists with children and would be happy to discuss any questions you might have about our program") is such an important gesture.

Santa Nastro, Caporedattore Artribune
www.artribune.com

Santa Nastro, Editor in chief Artribune
www.artribune.com

Come vivono le artiste?
Riconoscimento, lavoro e sistema dell'arte
How do female artists live?
Recognition, work and art system[1]

Santa Nastro

Questo contributo nasce da una recente inchiesta condotta sulle pagine di *Artribune Magazine* che andava ad indagare metodi e strategie d'esistenza degli artisti italiani. Il titolo - *Come vivono gli artisti?* - si riferiva nello specifico sia ai processi attivati a supporto della propria pratica artistica che della vita quotidiana, esprimendo attraverso interviste e piccoli questionari anche delle comparazioni rispetto a ciò che accade ai colleghi all'estero. Un ulteriore sviluppo di questa ricerca si è focalizzato nello specifico sulle artiste donne. Come si coniugano arte, lavoro, gestione della famiglia, vita di coppia, malattia e maternità con l'arte, ma anche l'assenza e il rifiuto di questi, come il femminile interviene all'interno della definizione della pratica artistica sono domande che dobbiamo porci. Nelle seguenti pagine questi temi sono articolati anche interrogando alcune protagoniste della scena artistica contemporanea, scegliendo soprattutto come campione artiste mid-career, di età tra i 35 e i 60 anni. A loro abbiamo chiesto di analizzare come l'essere donna ha influito sulla costruzione della propria carriera, soprattutto a paragone con i colleghi maschi e di fornire casi concreti e specifici a supporto dell'analisi che ne conseguirà.

Il lavoro artistico femminile

Una volta, passeggiando per i corridoi di una fiera d'arte mi è capitato di notare uno splendido lavoro a firma di una raffinata artista del XX secolo.

1. Parti di questo saggio sono state pubblicate, in forma diversa, su *Artribune* n. 40, marzo-aprile 2019, pp. 88-93 e n. 51, settembre-ottobre 2019, pp. 24-29

Fermato il gallerista per avere alcune informazioni ho ricevuto la seguente risposta: *"non sai quanto ho dovuto lavorare per portare avanti la sua ricerca. Sai, prima era diverso, se proponevi ad un collezionista di acquistare il lavoro di un'artista donna poteva capitare che questi ti rispondesse 'no, non è un investimento sicuro. Poi fanno i figli, abbandonano la carriera, e chi si è visto si è visto'"*. Un'affermazione che oggi lascerebbe interdetti probabilmente e che porta alla mente un pensiero ancora più triste: chi sa quante donne hanno dovuto abbandonare l'idea di una carriera artistica proprio per mancanza di credibilità? Il punto di vista femminile dell'arte e sull'arte è in grado, da decenni ormai, di trasformare in profondità lo sguardo sull'intera storia dell'arte, oltre che sull'arte del presente (assecondando le prospettive dei *cultural studies* e dei *gender studies*, ma non solo). Come afferma Linda Nochlin, che a questo tema ha dedicato un ampio studio, *Women, Art, and Power* (1988):

> *È l'intelletto femminista impegnato (.....) che può trafiggere i limiti culturali-ideologici del tempo e la sua specifica "professionalità" per rivelare pregiudizi e inadeguatezze non solo nell'affrontare la questione femminile, ma proprio nel modo di formulare le questioni cruciali della disciplina nel suo complesso. Così, la cosiddetta questione femminile, lungi dall'essere una questione secondaria, periferica e ridicolmente provinciale innestata su una disciplina seria e consolidata, può diventare un catalizzatore, uno strumento intellettuale, sondando presupposti di base e "naturali", fornendo un paradigma per altri tipi di interrogazione interna, e a sua volta fornendo collegamenti con paradigmi stabiliti da approcci radicali in altri campi[2].*

Ma in tema di riconoscimento, e a livello di mercato, come si percepiscono le artiste oggi?

"Ho ricevuto diverse volte dei complimenti per i miei lavori da persone

2. L. Nochlin, *Why Have There Been No Great Women Artists?*, in *Women, Art, and Power*, Harper and Row, New York 1988, p. Cfr, anche in proposito C. Lonzi, *Autoritratto*, De Donato, Bari 1969, e *Sputiamo su Hegel*, Editoriale grafica, Roma 1970.

che, non conoscendomi e leggendo il mio nome che non dà riferimenti di genere, li trovavano così coraggiosi da non pensare che potessero essere stati dipinti da una donna", racconta Aryan Ozmaei, artista di Teheran residente in Italia. *"Non so se questo complimento avrebbe dovuto farmi piacere o offendermi. C'è un problema di riconoscimento delle donne in generale. Delle loro capacità e dei loro talenti. Ci sono dei pregiudizi che solo le donne devono superare per avere un riconoscimento. Questa stessa domanda non viene mai formulata al maschile e questo ci fa capire che un problema c'è"*.

Non che i colleghi maschi se la passino sempre meglio, si intenda: le tematiche legate al sostegno, alla famiglia, alla costruzione di una carriera sono nevralgiche per tutti; per le donne resta però un punto di domanda per ciò che concerne proprio la questione del riconoscimento. E questo non riguarda solo il mondo dell'arte. *"Mettiamola così"*, spiega Eva Frapiccini. *"Se la professionalità femminile è generalmente sottostimata almeno quanto quella degli artisti in generale, la somma dell'essere donna e artista non può che essere fattore di discriminazione. L'ambito artistico non ne è esente perché è composto da persone, ed esse sono culturalmente soggette al loro contesto geografico"*.

Una mostra al femminile e le quote rosa

"Perché non facciamo una mostra al femminile?". Sono domande che spesso si sentono pronunciare nei discorsi che precedono la costruzione di un progetto. Senza voler in nessun modo mettere in discussione la buona fede di chi le pronuncia (uomini, per la maggior parte) queste frasi lasciano ancora intendere una separazione tra "arte maschile" e arte "al femminile" (e questo "al" è tutto un programma), in un settore in cui la forza lavoro femminile ha comunque una grande importanza. Stando al rapporto Symbola *Io sono Cultura 2019*, le donne rappresentano il 37,4% dei lavoratori del Sistema Produttivo Culturale e Creativo. Le

---

3. Cfr. *Io sono cultura 2019 – I Quaderni di Symbola*: www.symbola.net/ricerca/io-sono-cultura-2019.

imprese femminili rappresentano invece il 18% del Sistema, con maggiore incidenza nei soggetti impegnati nel patrimonio storico-artistico[3]. Numeri da incrementare, sicuramente, ma che danno l'idea di uno scenario interessante in cui la forza lavoro femminile è di grande importanza. Il tema delle pari opportunità resta però fondamentale. Sempre il rapporto Symbola ci informa che la città di San Francisco sta aprendo un grande parco di arte pubblica, con la condizione che il 30% delle opere dovrà essere a firma di artiste donne.

Ma è davvero necessario porre addirittura delle clausole? Pare di sì. *"Le donne in Italia sono riconosciute a fatica"* ci dice l'artista Kamilia Kard. *"Dopo una sorta di ondata di mostre in cui l'essere donna veniva esaltato come una sorta di trending topic - che è durato poco più di un anno - la situazione per le donne è ritornata la stessa, anzi forse è peggiorata. Le donne vengono considerate marginalmente, quando va bene sono delle mere quote rosa. Altre volte, invece, per essere considerate devono scendere a compromessi e rinunciare alla loro estetica o al loro "punto di vista femminile" in favore di un risultato compiacente l'opinione maschile".*

Nostalgia del XX secolo

È abbastanza vero che il mondo dell'arte (ma anche quello della cultura in generale, della politica, e della società stessa) vive in uno stato di fascinazione collettiva per il secolo scorso e per la produzione culturale che ne è conseguita. Ma se è vero che in quei decenni, sicuramente eroici, si sono costruiti i presupposti per il contesto (peraltro non ancora risolto) in cui viviamo oggi e se è vero che senza le radicali lotte portate avanti proprio dalle donne delle generazioni precedenti questo movimento di idee non sarebbe in svolgimento, è altrettanto vero che tale passato così vagheggiato segue il filo conduttore di una egemonia di sguardo maschile. Le immagini della donna stessa, o della famiglia, sono spesso filtrate dall'occhio maschile.

E se questo presente tanto bistrattato offrisse l'opportunità di uno spostamento dell'asse in direzione di una visione dell'arte femminile? Per essere precisi: non di un'arte fatta da "donne artiste", termine che come sottolinea Liliana Moro segna l'inizio di una discriminazione, ma da artiste punto e basta.

Laura Cionci commenta in proposito: *"Sono convinta che per quanto riguarda l'aspetto femminile, non solo nel mondo dell'arte, ci saranno dei decisivi strappi e che i pensieri che si stanno formando adesso, saranno sicuramente confermati e ben sviluppati in futuro nelle prossime generazioni. Ancora c'è molta strada da fare, ma sento la necessità di continuare a dire che la costanza e la determinazione faranno la differenza alla fine del percorso. In una società dove tutto viene ingoiato alla velocità della luce, non ci resta che resistere e continuare a reiterare quelli che sono i principi dell'archetipo femminile, non solo rispetto al mio sesso ma a tutti. Continuare a portare i messaggi nella forma più femminile possibile.*

Crediamo nella ricerca, in quella ricerca che prende un'intera vita, che diventa appunto, una missione per l'artista, crediamo nella sana visione di un lavoro che serve allo sviluppo collettivo, crediamo nell'artista che genera sinergie, che fa rete e che prende forza dalle esperienze dei territori, dalle differenti culture, dalle mille forme di immaginare che ha ogni essere umano. L'artista è un veicolo che rende visibile l'immaginario collettivo, nel migliore dei casi un immaginario futuro, una predizione, una spinta verso qualcosa di migliore".

Maternità e famiglia

In un mondo in cui gli artisti sono spesso costretti a viaggiare e a muoversi per residenze, progetti, mostre, periodi di studio, bandi, conferenze, il tema della famiglia e della gestione dei figli si fa ancora più complicato.

Lo dice chiaramente un'artista come Francesca Grilli: *"Nel 2009 quando ero incinta di Agata, la mia prima figlia, ho deciso che avrei trovato un modo di combinare il bisogno di fare arte, con la maternità. Era chiaro avrei dovuto fare delle rinunce ma tutto sommato non ho mai rinunciato a ciò che più mi stava a cuore: la possibilità di creare e di essere libera di farlo. Sono stata fortunata in questo, ma anche molto tenace a volere il mio stile di vita. Non separo la mia vita tra famiglia e arte, ma seguo un processo creativo, nel quale sono comprese le mie figlie, così come le mie creazioni artistiche. Ho sempre viaggiato con la mia famiglia che nel corso degli anni si è allargata: fare arte è anche questo, insegnare alle proprie figlie ad allenare lo sguardo sul mondo, ampliandolo il più possibile. In Italia era difficile portare avanti questo stile di vita, il modello attuale schiaccia ogni possibilità di avere una struttura familiare diversa, così me ne sono andata a Bruxelles. È importante crescere stando nel mondo. E a loro racconto che stiamo facendo un lungo viaggio…".*

Le fa eco Elena Mazzi: *"In primis, la maternità è vissuta come un problema in qualsiasi ambito lavorativo, anche in quello artistico. Alle donne sono sempre riservate meno opportunità, e non lo dico perché sono donna, basta guardare i dati statistici (vittoria di bandi, inviti a grandi mostre, insegnamento etc..). Inoltre, è qualcosa che ho riscontrato sulla mia pelle, parlando dell'argomento con molti colleghi sia artisti che curatori, in Italia e all'estero; alla domanda 'Perchè non scegliere una donna stavolta?' o 'Vedo nella tua selezione molti artisti e poche artiste, perchè?', svariate volte ho avuto come risposta: 'Con le donne è più difficile lavorare'. Non mi voglio addentrare nei dettagli, perchè vanno solo a rafforzare determinati stereotipi che non condivido, ma sicuramente questa è una problematica da affrontare".*

Quali forme di sostegno?

Tutti gli artisti (e le artiste) consultati nell'ambito di questo saggio-inchiesta sono concordi nell'affermare che il mercato ha subito un'importante trasformazione che ha diametralmente cambiato, soprattutto per le generazioni più giovani, la relazione tra sistema e artista. Le vendite restano una fonte di reddito, alle quali però affiancare l'insegnamento, residenze, bandi ed esperienze all'estero.

"Sicuramente mi piacerebbe avere più certezze sul mio futuro", dice la Mazzi, chiedendo anche maggiore solidarietà 'di categoria'. *"Questo mi permetterebbe di lavorare con più continuità, senza dover interrompere la mia pratica con altri incarichi. I bandi che finanziano artisti e progetti artistici sono quasi tutti under 35, e finora mi hanno aiutato ad andare avanti nei miei progetti. In ogni caso i bandi, soprattutto quelli italiani, prevedono in molti casi un anticipo di somme di denaro destinati a coprire le spese, che vengono sempre restituiti con molti mesi di ritardo, dando per scontato che chi applica possa permettersi di anticipare il budget: tutto ciò è ridicolo.*

Vorrei che le istituzioni fossero più propositive e presenti nel dialogo con gli artisti, vorrei che ci fosse più fiducia e rispetto di un lavoro che ancora è difficile da capire per il grande pubblico. Vorrei che l'arte entrasse in ogni maglia del tessuto sociale, così da rendere nuovamente attiva e presente la figura dell'artista nella società contemporanea".

The idea of the present article originates in a poll recently carried out on the pages of *Artribune Magazine*[1]. The poll was intended to reveal the methods and strategies of existence that Italian artists resort to. More specifically, the title –"How Do Artists Live?"– hinted both at the procedures adopted in order to carry out one's artistic practice and those adopted in support of one's everyday life. These issues were addressed through interviews and short questionnaires, which also invited comparisons with the situation of fellow artists working abroad. One further development of this enquiry focused more particularly on women artists. How do they get by combining work, family management, life as a couple, illness, and maternity with art? But also: how do they cope with the lack or the rejection of the such elements? How does their feminine side define one's own artistic practice? All these are questions we should askourselves. In the following pages, these themes are tackled through the interviews of a few protagonists of the contemporary art scene, above all artists aged around 35-60 and therefore halfway in their career. We have asked them to analyse how being a woman influenced the way they built their career, with a particular focus on what distinguishes these careers from their male counterparts'. The concrete cases put forward by these artists will serve to introduce and prop up the analysis that will follow.

The female artwork

Once, while walking through the corridors of an art fair, I happened to notice a splendid work by a refined artist of the twentieth century. After stopping the gallery owner for some information, I received the following answer: "You don't know how much I had to work to carry out his research. You know, before it was different, if you proposed to a collector to buy the work of a female artist, he may have answered 'no, it is not a safe investment. Then they have children, they abandon their careers, and that's the end of it all". A statement that today would probably leave us speechless and that brings to mind an even sadder thought: who knows how many women have had to abandon the idea

---

1. Parti di questo saggio sono state pubblicate, in forma diversa, su *Artribune* n. 40, marzo-aprile 2019, pp. 88-93 e n. 51, settembre-ottobre 2019, pp. 24-29

of an artistic career for lack of credibility? For decades now, the female point of view of art and on art has deeply transformed the view on the whole history of art, as well as on contemporary art (supporting the perspectives of cultural studies and gender studies, but not only). As Linda Nochlin, who has dedicated an extensive study to this theme, says in *Women, Art, and Power* (1988):

> *It is the engaged feminist intellect (…) that can pierce through the cultural-ideological limitations of the time and its specific "professionalism" to reveal biases and inadequacies not merely in dealing with the question of women, but in the very way of formulating the crucial questions of the discipline as a whole. Thus, the so-called woman question, far from being a minor, peripheral, and laughably provincial sub-issue grafted onto a serious, established discipline, can become a catalyst, an intellectual instrument, probing basic and "natural" assumptions, providing a paradigm for other kinds of internal questioning, and in turn providing links with paradigms established by radical approaches in other fields*[2].

But in terms of recognition, and at the level of the market, how are female artists perceived today? "I have often received many compliments for my work from people who, not knowing me and reading my name that is not gender-related, found them so brave as not to think that they could have been painted by a woman," says Aryan Ozmaei, an artist from Tehran living in Italy. "I don't know if I was supposed to feel pleased or offended by that sort of comment. There is a problem with the recognition of women in general. Of their skills and talents. There are prejudices that only women have to overcome to get recognition. This same question is never asked in a masculine way, and this makes us understand that there is a problem. It's not that male colleagues are getting better and better, you mean: issues related to support, family, building a career are crucial for everyone, but for women it remains a question mark regarding the issue of recognition. This is not just about the art world. "Let's put it this way," explains Eva Frapiccini. "If female professionalism is generally underestimated at least as much as that of artists in

---

2. L. Nochlin, *Why Have There Been No Great Women Artists?*, in *Women, Art, and Power*, Harper and Row, New York 1988, p. Cfr, anche in proposito C. Lonzi, *Autoritratto*, De Donato, Bari 1969, e *Sputiamo su Hegel*, Editoriale grafica, Roma 1970.

general, the sum of being a woman and an artist can only be a factor of discrimination The artistic field is not exempt because it is composed of people, and they are culturally subject to their geographical context.

A women's exhibition and pink quotas

"Why don't we do an exhibition of female artists? These are questions that are often heard before a project is built. Without in any way questioning the good faith of those who pronounce them (men, for the most part), these sentences still suggest a separation between "male art" and "female art" in an area where the female workforce is still very important. According to the Symbola Io sono Cultura 2019 report, women represent 37.4% of workers in the Cultural and Creative Productive System. Women's enterprises, on the other hand, represent 18% of the System, with a greater incidence in those involved in the historical-artistic heritage[3]. These numbers definitely need to be increased but they already give a certain idea of an interesting scenario in which the feminine workforce is of great significance.

These are numbers that must be increased, certainly, but which give the idea of an interesting scenario. However, the issue of equal opportunities remains fundamental. The Symbola report also informs us that the city of San Francisco is opening a large park of public art, with the condition that 30% of the works must be signed by female artists. But is it really necessary to put even clauses in place? It seems so. "Women in Italy are hardly recognized," says artist Kamilia Kard. "After a sort of wave of exhibitions in which being a woman was exalted as a sort of trending topic - which lasted just over a year - the situation for women has returned to the same, maybe even worsened. Women are considered marginally, when all goes well they are just pink quotas. Other times, however, to be considered, they must make compromises and give up their aesthetics or their "female point of view" in favor of a result that is pleasing to male opinion".

---

3. Cfr. *Io sono cultura 2019 – I Quaderni di Symbola*: www.symbola.net/ricerca/io-sono-cultura-2019.

Nostalgia of the twentieth century

It is quite true that the world of art (but also that of culture in general, of politics, and of society itself) lives in a state of collective fascination for the last century and for the cultural production that has resulted. But if it is true that in those decades, certainly heroic, the conditions for the context (not yet solved) in which we live today have been built and if it is true that without the radical struggles carried out by women of previous generations this movement of ideas would not be in progress, it is equally true that this past so vague follows the thread of a hegemony of male gaze. The images of the woman herself, or of the family, are often filtered through the male eye.

What if this present, so much mistreated, offered the opportunity to shift the axis in the direction of a vision of female art? To be precise: not of an art made by "female artists", a term that, as Liliana Moro points out, marks the beginning of discrimination, but of artists who just need to be pointing out. Laura Cionci comments on the subject: "I am convinced that as far as the female aspect is concerned, not only in the world of art, there will be decisive tears and that the thoughts that are being formed now will certainly be confirmed and well developed in the future in future generations. There is still a long way to go, but I feel the need to keep sayingthat constancy and determination will make the difference at the end of the journey. In a society where everything is swallowed at the speed of light, we just have to resist and continue to reiterate the principles of the female archetype, not only with respect to my gender but to everyone. We have to keep making these messages heardin the most feminine way possible".

"We believe in research, in that type of research that requires a lifetime, thatbecomes a veritable mission. We believe in the sound vision of work as a means of creating collective development. We believe in the artist as a generator of synergy, as a builder of webs, who finds their strength from experiencing territories, other cultures, from the multiple forms of imagining that each human being possesses withinthemselves. The artist is a vehicle: she makes the collective imaginary visible, or even, in the best cases, makes a future imaginary visible. Thus, art becomes a form of soothsaying, a drive towards something better."

Maternity and family

In a world where artists are often forced to travel and move around in residences, projects, exhibitions, study periods, announcements, conferences, the theme of family and child management becomes even more complicated. All the artists (and female artists) consulted in this essay-inquiry agree that the market has undergone a major transformation that has changed diametrically, especially for the younger generations, the relationship between the system and the artist. Sales remain a source of income, but they must be accompanied by teaching, residencies, calls for proposals and experience abroad.

An artist like Francesca Grilli clearly says so: "In 2009 when I was pregnant with Agata, my first daughter, I decided that I would find a way to combine the need to make art with motherhood. It was clear that I had to make sacrifices, but all things considered, I never gave up on what was close to my heart: the possibility of creating and of being free to do so. I was lucky in this, but also very tenacious in wanting my lifestyle. I don't separate my life between family and art, but I follow a creative process, which includes my daughters, as well as my artistic creations. I have always travelled with my family, which has expanded over the years: making art is also this, teaching your daughters to train their eyes on the world, expanding it as much as possible. In Italy it was difficult to carry on this lifestyle, the current model crushes every possibility of having a different family structure, so I left for Brussels.

It's important to grow up in the world. And I tell them that we are making a long journey...". Her words are echoed by Elena Mazzi's: "First and foremost, maternity is experienced as a problem in *any* work environment, and the art world is no exception. Women are always granted fewer opportunities, and I am not saying this because I am a woman myself: just look at statistics (call for bids, invitations to big shows, teaching jobs, etc.). Moreover, I have had verified those statistics first hand when discussing this issue with numerous male colleagues, be they artists or curators, working in Italy or abroad. When asked 'Why don't you choose a woman this time?,' or 'I see a lot of male and few female artists in your selection, why is that?,' many a time the answer to my questions was: 'Working with women is more difficult.' I don't want to venture into details here, because that would just reinforce certain stereotypes with which I don't concur, but this is definitely an issue that should be addressed."

What forms of support?

"Surely I would like to have more certainty about my future," says Mazzi, asking for more solidarity in the category. This would allow me to work more regularly, without having to interrupt my practice with other assignments. The calls for proposals that finance artists and art projects are almost all addressed to women who are under 35 years old. So far they have helped me to move forward with my projects. In any case, the calls, especially the Italian ones, often provide for an advance of money to cover expenses, which are always reimbursed many months later, assuming that those who apply can afford to anticipate the budget: all this is ridiculous. I would like the institutions to be more proactive and present in the dialogue with the artists, I would like to see more trust and respect for a work that the general public still struggle to understand. I would like art to enter into every mesh of the social fabric, so that artists can once again be active and present in society as they were in the past".

Paz Ponce, curatrice e fondatrice di ¡n[s]urgênc!as

www.insurgencias.net

pazponce.com

Paz Ponce, curator and founder of ¡n[s]urgênc!as

www.insurgencias.net

pazponce.com

Cosmopoetica dell'appartenenza
Per chi è l'arte?
Cosmopoetics of belonging
(Whos's art for?)[1]

Paz Ponce

I

Berlino, primavera 2018. Dal seminterrato di una vecchia fabbrica di birra, sento parlare di una nuova sovvenzione del Dipartimento per la Cultura e l'Europa del Senato: *Weltoffenes Berlin* (Cosmopolitan Berlin). Alla fine della descrizione incorniciata da una vista panoramica di Berlino dal fiume Sprea (acque calme, cielo blu), sono annunciate due modalità:

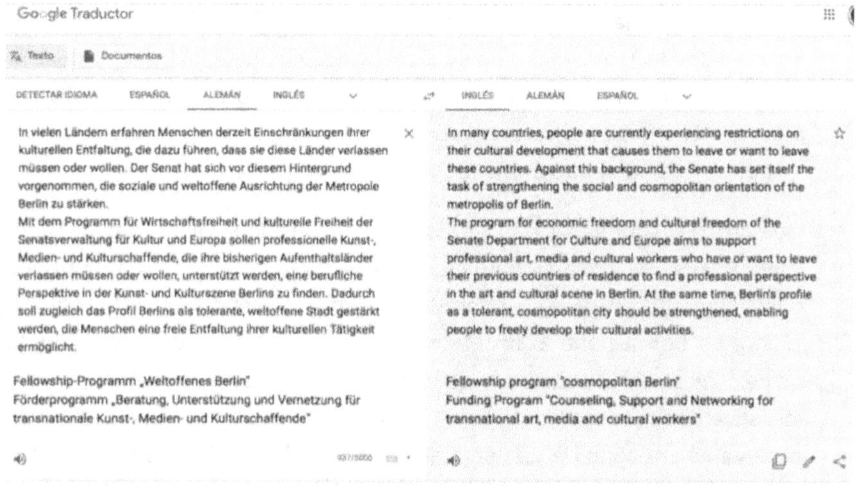

1. This text is a montage of micro-stories surrounding the birth of a support platform for Latin American artists in Berlin insurgencias.net, attempting to give visibility to the labor *we*, culture producers, perform, in what conditions, under which pressures and challenges, what are our successes, where do we find energies to continue, and when do we let go. Our biographies become very entangled with those of the collective efforts we join. Organizations, platforms, institutions are

— *Berlín Cosmopolita* — traduce una voce familiare dentro di me. All'improvviso, la mia nonna danese rivive in 5 sillabe.

— / k zm p l t( )n/ — aggiunge tranquillamente un dizionario on line.

— μ ω significa "cittadino del mondo"; deriva da *kósmos* = mondo, universo, ordine; e *politis* = citttadino, — dice Lily[2] ad alta voce; deve sempre risalire all'etimologia delle parole.

— Che priviliegio! — Penso mentre guardo con ammirazione un artista così talentuoso (b.1994, Grecia).

Quel giorno eravamo alla ricerca di fonti di finanziamento per proseguire la programmazione nel campo delle arti collaborative in contesti sociali e comunitari, nei nostri 1100m[2] di studio di Rollbergstr.23.

— Ma come *ci* eravamo arrivati? - Nel quinto anno di vita di Agora Collective, un *project space* stabilitosi dal 2011 all'interno di un edificio di cinque piani in Mittelwegstr.(Neukölln), il continuo aumento dell'affitto (1500€/piano) aveva spinto gli artisti-manager brasiliani a trovare un luogo alternativo per una comunità creativa e diversificata sostenuta da un'impresa di co-working e da un'associazione culturale senza scopo di lucro.
Sperimentando modelli di convivialità interdisciplinare, intorno ai quattro pilastri individuati come essenziali per una vita dignitosa - *cibo* (nutrimento), *arte* (sperimentazione), *lavoro* (produzione) e *apprendimento* (educazione) - Agora si era costituito come luogo di incontri.

Guidato dall'energia di una comunità in espansione, il collettivo Agora (Caique Tizzi, Marcela Donato, Tainá Moreno) trovò allora un'opportunità d'investimento, attraverso contatti personali, per stabilirsi in un edificio vicino. La Fondazione Edith Maryon (CH) lanciò un bando per far parte dell'ex area KINDL-Brawery (38000m[2]), e metterla in sicurezza per iniziative dedicate a progetti sociali, ecologici, culturali e artistici. Di fronte al rilevante impegno da dedicare alla parte gestionale, il collettivo artistico si rivelò insufficiente e decise di rivolgersi ad una società tedesca, la

run by people, our achievements and errors are human and reflect in the structures we leave behind. The spirit of this text is an acknowledgement of that.

2. Lily Hassioti: Stagista presso Agora Collective aprile-giugno

CRCLR[3]; così da poter rispondere al bando. Anche Sheena McGrandles si unì al gruppo, per sviluppare con Donato una nuova dance house a Berlino: MOVE. Agora aggiunse dunque un quinto pilastro alla sua struttura organica: *divertimento*.

La visione di Agora si dimostrò vincente, infatti fu firmato un contratto di locazione di 99 anni per questa nuova fase, da portare avanti in collaborazione con CRCLR. Un anno dopo, in seguito ad un'aspra collaborazione in cui le due parti ebbero difficoltà di comprensione reciproca, la società senza vocali (o valori?), monopolizzò la comunicazione con la fondazione, rompendo la collaborazione con Agora e lasciandola fuori dal contratto di locazione. La CRCLR divenne la padrona di casa, e inviò al collettivo una lettera di sfratto. Solo dopo una mediazione guidata dalla Fondazione Edith Maryon, subaffittò loro il piano interrato ad interim, fino alla fine dei lavori, ancora una volta a fronte di un affitto in aumento.

In quella catena di eventi *C(i)RC(o)L(a)R(i)*, due dei membri del collettivo vennero meno; Tizzi e McGrandles rimasero a capo di uno spazio che sarebbe comunque stato assicurato alle arti e alla cultura dal 2017 al 2019. Prima della rottura, il seminterrato venne diviso in unità più piccole da adattarsi ad uso studio. Gli artisti già vi lavoravano e vi avevano avviato una piccola economia.

- E ancora: che privilegio! - Riconsiderando le finanze complessive fino a raggiungere un prezzo giudicato adeguato in considerazione della struttura, sotto l'oscura privacy di questo sistema orizzontale, Agora era finalmente pronta a restare. Perché, in fin dei conti:

Per chi è l'arte?

Per gli artisti!

<hr>

3. "CRCLR è un Think- and Do Tank e sta per "circolare", opposto di "lineare" e antitetico all'idea di "prendere, produrre, sprecare". [...] La missione di CRCLR è quella di catalizzare la transizione verso un'economia circolare. Un'economia circolare è un'economia guidata da un impatto ambientale e sociale positivo". crclr.org/about/about-crclr

II

Gli artisti avrebbero pagato per l'uso dei metri quadri degli studi a loro assegnati e Agora, gestita pro bono da due persone, si sarebbe occupata delle due sale più grandi dedicate agli eventi della comunità nonché della continuità contrattuale per proteggere i *Rollberg studios*. Fu così che una nuova coscienza di solidarietà artistica emerse nel cuore dell'organizzazione, incoraggiata da un nuovo membro: Elena Polzer, produttrice tedesca molto attiva nella politica cittadina come co-fondatrice di *ehrliche arbeit* (lavoro onesto): una piattaforma per le arti performative che fornisce infrastrutture a progetti indipendenti.

La resilienza è una forma di lavoro non materiale nata dagli sforzi di cooperazione, un'energia liberata nel processo di fermentazione per comprendere quale significato può assumere il termine "spazio": una risorsa per sostenere una comunità locale di professionisti, uno strumento partecipativo per aver voce nella conversazione sulle politiche culturali. Assicurare spazi per l'arte in questa città *cosmopolita* è politico. Lottare per farli rimanere fuori dalle mani dei privati che speculano con il loro prezzo e la loro destinazione d'uso, strumentalizzandoli nel nome dell'arte per ottenere visibilità e mecenati, è attivismo.

L'arte si svolge in luoghi fisici. Collettivamente, ha un impatto misurabile nella società e nella costruzione della comunità, può ispirare gli altri e attirare l'attenzione e i mezzi a sostegno della sua causa. È importante condividere i propri privilegi, garantire l'accesso a queste strutture costruite da affinità personali, in modo che non diventino solo un mito. A questo punto della storia, mi sono unita (come volontaria) ad Agora, dopo quattro anni di coordinamento della loro residenza AFFECT.

Quella mattina, tornando al nostro seminterrato *cosmopolita*, mi sono imbattuta in una definizione del termine 'cosmopolita' del 1815: *libero da pregiudizi e attaccamenti locali, provinciali o nazionali*, e un'altra del 1833: *appartenente a tutte le parti del mondo, limitato a nessun luogo o società*.

Queste due parole (in lettere *maiuscole*) si sono fuse con un ricordo recente: 1.03.18, presso GlogauAir, Berlin, ero docente ospite in una *tertulia* (raduno, circolo sociale) organizzata da una piattaforma per artisti latinoamericani: Kap Hoorn[4]. Stavo parlando della cultura cooperativa di Berlino (dall'idea di Arendt di *weltliche Bezug* ovvero avere la stessa connessione con il mondo; *fare mondo* insieme). Tra i partecipanti molti artisti della prima, seconda e terza ondata migratoria. — Ma qual era il loro *interesse comune* dietro a questa identità che solo ora aveva preso significato come gruppo coeso? - L'idea di Europa guidata dal populismo neoconservatore di oggi: una minaccia alla *società senza limiti libera dai pregiudizi locali, provinciali o nazionali.*

Avevo già compreso che come coordinatrice di residenza, scrivendo lettere ad artisti stranieri per richiedere un visto, stavo entrando in una sfera politica. Avevo lavorato in iniziative culturali transfrontaliere in Polonia, Israele, Kosovo e progetti di collaborazione in Brasile, Cuba e Singapore, ma questa era la prima volta che avevo avuto una visione così ampia di un contesto differente da quello da cui provenivo, attraversato dalla crisi economica e politica, popolato da movimenti di destra che miravano a ridurre i diritti già scarsamente rappresentati delle minoranze, di fronte della chiusura dei confini da parte di Stati Uniti ed Europa.

Se questo mondo non basta più, come posso
trovare il mio posto?
[n.d.r. exi(s)t nel testo originale]
/ tradurre il mio corpo e la mia soggettività?
/ occupare altri spazi all'interno di una comunità
/ prendere parte a questo tessuto sociale?
Sono da sola?

Tempo di agire

4. kaphoorn.com/category/tertulias/

Ho avviato ¡n[s]urgênc!as nel 2018 come rete di supporto per artisti di origine latino-americana a Berlino, per aiutarli a collocare la loro espressione nel contesto creativo della Germania. Finanziato da *Weltoffenes Berlin* (Modalità 2), ho lanciato un *bando per artisti latino-americani a Berlino,* arrivati negli ultimi tre anni, la cui pratica includesse: #arti visive, #arte politica, #attivismo, #protesta, #resistenza. Con la curatrice Daniela Labra (Cile-Brasile, 1974), lei stessa una nuova arrivata, ne abbiamo selezionati dodici[5] per un programma di quindici giorni, comprendente una serie di sette incontri di mentoring, che hanno portato a una revisione del portfolio, dialogando con dodici esperti d'arte berlinesi. Questo lavoro è culminato in una mostra pubblica all'Agora. La partecipazione è stata garantita sotto forma di borsa di studio e riconoscimento di traiettorie artistiche politicamente impegnate, per offrire visibilità a un corpo di pratica "collettiva" insorgente.

Ho curato la II edizione di ¡n[s]urgênc!as nel 2019, incentrandola sulle "Ecologie della protesta" come Programma di studio e ricerca per un artista: Gabriel Vallecillo Márquez (Honduras), così da facilitare il suo arrivo e il suo soggiorno per nove mesi grazie al *Programma di borsa di studio Weltoffenes Berlin.* Ho ricevuto la notizia della borsa di studio mentre uscivamo dalla nostra sede, soffocata dalla scadenza dei lavori di costruzione e dal prossimo aumento dell'affitto. Senza riparo, migranti nel nostro stesso mondo, ho dovuto chiedermi:
- Posso continuare? Sono sola?

5. insurgencias.net/home/2018_/

ZK/U[6] ha risposto, ospitando Gabriel come residente. Partendo dalla sua pratica come contesto di incontro collettivo, Agora ha ideato un evento pubblico di due giorni[7] presso gli Ufer Studios. 12-14 Settembre. Il programma da me curato ha condiviso progetti di ricerca di artisti latino-americani a Berlino che si occupano di attivismo ambientale. In questa sede, ho commissionato un'opera di architettura: *The Screen Air Pavilion,* progettato da GA estudio + Popticum Collective, una struttura sostenuta dall'aria, che presenta l'architettura come strumento di resistenza, sensibile alle questioni sociali e pronta ad essere al servizio delle minoranze.

Durante la costruzione del padiglione, ho imparato che queste strutture morbide funzionano adattandosi agli elementi (senza opporvisi). L'equilibrio dell'aria all'interno del padiglione dipende da chi vi viene ospitato. Non esiste una porta, ma vi è una crepa nel tessuto attraverso la quale si esce e si entra di nuovo. La struttura ha bisogno di un monitoraggio costante, non è possibile dimenticarsi di essere al suo interno e l'ospite è costretto a pianificare una posizione di emergenza, perché esiste la possibilità di fallire.

Che privilegio!

6. zku-berlin.org

7. insurgencias.net/ecologies-of-protest-public-program-by-agora-at-ufer_studios/

I

Berlin, spring 2018[1]. From the basement of an old brewery, I hear about a new grant of the Senate Department for Culture & Europe: *Weltoffenes Berlin* (Cosmopolitan Berlin). At the end of the description, framed by a panoramic view of Berlin taken from the Spree River (calm waters, blue sky), 2 modalities are announced:

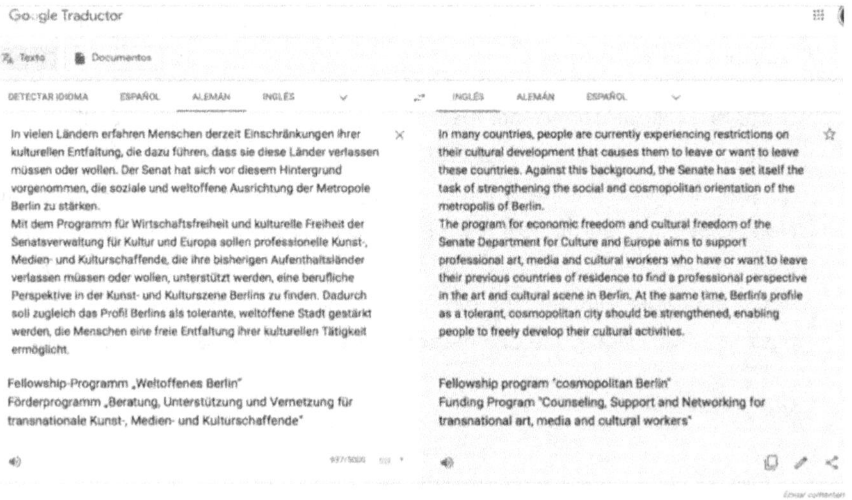

— *Berlín Cosmopolita* — translates a familiar voice inside me. Suddenly my danish grandmother's revives in the 5 syllables. — /k zm p l t( )n/ — adds quietly an online dictionary. — μ ϖ means "citizen of the world"; stems from *kósmos* = world, universe, order; and *polites* = citizen, — says Lily[2] out loud, as if reading my mind, always in need of returning to the etymological bone of things.

1. This text is a montage of micro-stories surrounding the birth of a support platform for Latin American artists in Berlin insurgencias.net, attempting to give visibility to the labor *we*, culture producers, perform, in what conditions, under which pressures and challenges, what are our successes, where do we find energies to continue, and when do we let go. Our biographies become very entangled with those of the collective efforts we join. Organizations, platforms, institutions are run by people, our achievements and errors are human and reflect in the structures we leave behind. The spirit of this text is an acknowledgement of that.

2. Lily Hassioti: Intern in Agora Collective April-June 2018

— What a privilege! — I think while staring with admiration at this talented artist (b.1994, Greece).

That day we were searching for funding sources to continue programming in the field of collaborative arts in social and community contexts, in our 1100m2 underground studios at Rollbergstr.23.

— But: How did *we* get here? — In the 5th year of Agora Collective's life[3], a project-space settled since 2011 in a 5-story house in Mittelwegstr. (Neukölln), the continuous rising rent (1500€/floor) pushed the Brazilian artist-managers to find an alternative place for a creative, diverse community sustained by a co-working business and a non-for-profit cultural association. Prototyping cross-disciplinary conviviality models around 4 pillars they found essential for a good life: *food* (nourishment), *art* (experimentation), *work* (production) and *learn* (education), Agora was a place for encounters.

Driven by the energy of a growing community, the collective at Agora (Caique Tizzi, Marcela Donato, Tainá Moreno) found an investment chance through personal connections to inhabit a building close by. The Foundation Edith Maryon (CH) launched a call to be part of the former KINDL-Brawery area (38000m2), securing it for initiatives devoted to social, ecological, cultural and artistic projects. Faced with the management size, the artist-run collective fell short and approached a German company, CRCLR[4]; to respond to the call. Sheena McGrandles also joined to develop with Donato a new dance house in Berlin: MOVE. Thus, Agora grew a fifth leg in their organic-pillared structure: *play*.

Agora's vision won the pitch, and would sign a 99 year lease contract for this new stage, to be run in partnership with CRCLR. A year later, after a rugged collaboration in which the 2 failed to understand each other, this company with no vowels (or values?), would monopolize the communication with the foundation, break the cooperation with Agora, left them out of the 99

---

3. agoracollective.org

4. "CRCLR is a Think- and Do Tank and stands for "circular", as in the opposite of "linear" or "take, make, waste". [...] The CRCLR mission is to catalyze the transition towards a circular economy. A circular economy is an economy which by design has a positive environmental and social impact at its core". crclr.org/about/about-crclr

year contract, become their landlords, send them a letter of eviction and only after a mediation led by the Foundation, sublet them the basement in the interim, until a construction resulting, again, in the rise in rent. In that *C(i)RC(u)L(a)R* chain of events, 2 of the members of the collective dropped; Tizzi and McGrandles remained heads of a space that was anyway secured for arts and culture 2017-19. Before the divorce, the basement was divided into smaller units to fit studios, artists were already working in them and a small economy was flowing.

— And yet: what a privilege! — Readjusting the overall finances to an OK prize considering the location, under the dark privacy of this horizontal structure, Agora was here to stay. Because, at the end of the day:

Who's art for?

Artists!

II

Artists would pay for the m2 use of the studios and Agora, run pro bono by 2 persons, would take care of 2 bigger rooms for community events and of holding the contractual bridge to secure the *Rollberg studios*. A new consciousness about artistic solidarity emerged in the organization's core, pushed by a new member: Elena Polzer, a German producer very active in city politics, as co-founder of *ehrliche arbeit* (honest work): a platform for performing arts providing infrastructure for independent projects.

Resilience is a form of immaterial labor born from cooperative efforts. An energy liberated in the fermentation process of understanding what "space" means: a resource to support a local community of practitioners, a participatory tool to join the conversation on culture policy. Securing spaces for art in this *cosmopolitan* city is political. Fighting for them to remain out of private hands speculating with their prize and use, instrumentalizing them in-the-name-of-arts to win visibility and patrons, is activism.

Art gets to places. Collectively, it has a measurable impact in society and community building, can inspire others and attract attention and means to its cause. It's important to share your privileges, to grant access to these structures built by personal affinities, so they don't become a myth. This is when I (voluntarily) joined the direction of Agora, after 4 years coordinating their residency AFFECT.

Back to our *cosmopolitan* basement that morning, I stumbled across an 1815 definition: *free from local, provincial, or national prejudices and attachments*, and another one from 1833: *belonging to all parts of the world, limited to no place or society*.

These 2 words (in capital letters) merged with a recent memory: 1.03.18, at GlogauAir, Berlin. I am guest lecturer at a *tertulia* (gathering, social circle) organized by a platform for Latin American artists: Kap Hoorn[5]. I spoke about Berlin's cooperative culture (from Arendt's idea of *weltliche Bezug*, as in having the same connection to the world; *worlding* together). As listeners, many artists from 1st, 2nd and 3rd migration waves. — But: What was their *Common Interest* behind this identity move to signify as a group only now? — The idea of Europe steered by today's neo-conservative populism: a threat to the *unlimited society free from local, provincial or national prejudices*.

I had already understood that as residency coordinator, writing letters to foreign artists to apply to a visa, I am participating in politics. I worked in cross-border culture initiatives in Poland, Israel, Kosovo, and collaborative projects in Brazil, Cuba and Singapore, but this was the first time I had such a panoramic view of an overseas context, crossed by economic and political crisis, with right wing movements calling to shrink the already unrepresented rights of minorities, facing the *bunkerization* of bordering U.S. & Europe.

If this world becomes insufficient,
how can I exi(s)t?
/ translate my body and subjectivity?
/ occupy other spaces of the common
/ enter this social fabric?
Am I alone?

Time for action

5. kaphoorn.com/category/tertulias/

III

I started in[s]urgênc!as in 2018 as a support network for artists of Latin American origin in Berlin, to help them position their expression in the creative context of Germany. Funded by *Weltoffenes Berlin* (Modality 2), I launched a *Call for Latin American artists in Berlin*, arrived in the last 3 years, whose practice encompassed: #visual-arts, #political-art, #activism, #protest, #resistance. With curator Daniela Labra (Chile-Brasil, 1974), a newcomer herself, we selected 12[6] to join a 15 day program I curated as a series of 7 mentoring meetings leading to a portfolio review in conversation with 12 Berlin art experts, culminating in a public exhibition at Agora. Participation was granted as a scholarship & recognition of politically committed artistic trajectories, giving visibility to a body of insurgent "collective" practice.

The II edition of in[s]urgênc!as (2019) I curated under the topic "Ecologies of Protest" as a Studio & Research program for one artist: Gabriel Vallecillo Márquez (Honduras), facilitating his arrival and stay for 9 months with the *Fellowship-program Weltoffenes Berlin*. I got the news of the grant as we were exiting our venue choked by the construction deadline and future rent raise. Unsheltered, migrants in our own world, I had to ask myself:

— Can I carry on? Am I alone?
— No. We have a legal structure, let's reach out to Berlin's art peers.

ZK/U[7] replied, and hosted Gabriel as a fellow resident. Departing from his practice as a context of collective encounter, Agora produced a 2-days[8] public event at Ufer_Studios. 12-14/Sept. I curated a program to share artist-led research projects from Latin American artists in Berlin dealing with environmental activism. I commissioned an architecture for this encounter: *The Screen Air Pavilion*, designed by GA estudio + Popticum

---

6. insurgencias.net/home/2018_

7. zku-berlin.org

8. insurgencias.net/ecologies-of-protest-public-program-by-agora-at-ufer_studios/

Collective as a structure sustained by air, presenting architecture as a tool of resistance, sensitive to social issues and serving the minorities.

When assembling this pavilion, I learned that these soft structures work in cooperation with the elements (they do not resist them). The balance of air inside the pavilion depends on people. There is no door, but a crack in the fabric through which one goes out and enters again. It needs constant observation, you do not forget you are inside of it, and its host needs to plan an emergency position, for there is the possibility of failure.

What a privilege!

Nuvola Ravera, artista

www.nuvolaravera.it

Intervento performativo presentato in occasione
di Hortus (in)conclusus al MACA - Museo di Arte
Contemporanea ad Alcamo (TP) nel 2018, a cura di
Pierre Dupont; Lettura di Anna Daneri, curatrice

Traduzione di Francesca Sophie Giona

Nuvola Ravera, artist

www.nuvolaravera.it

Performative intervention presented on the occasion
of Hortus (in)conclusus at the MACA - Museum of
Contemporary Art in Alcamo (TP) in 2018, curated by
Pierre Dupont; Reading by curator Anna Daneri.

Translation by Francesca Sophie Giona

Se le regole non sono usate per governarci
If the rules are not used to govern us

Nuvola Ravera

Genova, 03.07.2018

*Questa è una lettera privata e aperta per te che mi sei cara e sconosciuta,
amato e invisibile.*

Scrivo per la necessità di raggiungerti con una parola che di notte si
dimena e di giorno è afona perché vorrebbe portare una nota sul ritrovo
con l'altro, sull'espediente dell'arte e i suoi recinti, sull'amministrazione in
genere e sui cattivi incontri.

Torno brevemente nella mia città in cui non vivo in cerca di familiarità, anche
se pure qui una certa cultura cade a pezzi. Alcune società ci insegnano a
desiderare sempre altro dandoci talvolta qualche strumento per alimentare
i fuochi che ci tengono svegli. Come sai, spesso ci sottraiamo dai luoghi di
nascita anche quando sono su tre coste di nazioni diverse e non ci sono
guerre apparenti. Anche tu hai cercato una forma altrove per conoscere
ciò che gli altri umani producono nel mondo, comprenderne la complessità
per poi magari un giorno verificarla in collaborazione con i rappresentanti
di altre proiezioni. Da un bosco perenne, mare invernale caldo, infanzia non
normata si scivola alle calze che costringono i piedi, i monumenti ai padri
soffocano i figli di altri e le etichette creano disturbi di personalità. Studiare
le disposizioni delle culture, osservare le regole e fluire piacevolmente o
meno nel fiume del "da farsi" ci porta a volte a renderci conto che non tutte
le norme e sistemi sono risorse, o protezioni che garantiscono un buon
retrogusto. Altre leggi che regolano altre dimensioni sono vicine anche se
fingiamo di non vederle.

Ti scrivo perché avrei voluto che qualcuno mi suggerisse delle istruzioni per non brancolare, qualcun altro mi sostenesse nei lanci nel vuoto e qualcun altro ancora mi mostrasse le parti oscure della luce, imparando a dismettere un perenne pensiero educato, gentile, femminile, sottomesso in percentuali maschili. E' seducente manifestare di esserci, costruire mondi immaginari, evocare e trasformare realtà, perpetuare 15 minuti di celebrità e incontrare approvazione. Ma qual è il prezzo per diventare visibili e i nostri gesti a quale urgenza interiore o collettiva stanno rispondendo? Intorno a noi molti sono spinti ad enunciarsi: anch'io sono qui respirante e creativa. Il paesaggio di carte false e accettazione di incuria relazionale e professionale è poco cantato ma virale. Una certa vanità ci fa giullari, martiri e carnefici di dignità e umanità perdute. E' più soddisfacente fare cultura per dire di averla promossa, dimostrare la propria partecipazione piuttosto che darsi al beneficio dell'anonimato o accollarsi la responsabilità dell'attenzione.

Allora quando ti stanno recintando o non riesci a fare a meno di stare proprio in quel perimetro intossicato, malgrado sintomi di malessere evidenti, fèrmati, prova a sottrarti a questi acquari, interroga le tue soglie di sopportazione, comprendi i confini oltre i quali chi passa sta agendo una forma di violenza. Abbandona le finte residenze o i finti progetti in cui fintamente ti stanno coinvolgendo spesso senza essere retribuito e valorizzato. Se ieri eri un cerbiatto domani puoi essere un coltello, la coerenza è un mito per chi ama le redini, pare. Se incontri individui ciechi e istituzioni che esercitano potere ed arroganza, che non riconoscono il tuo valore, non chiamano lavoro ciò che fai o cercano di fotterti considerando al minimo il tuo contributo, non censurare diniego e rabbia. Mantieni pure lo sguardo del bambino in un quadro di predatori e gioca a fare un safari, senza scordare però che ci si può astenere da un certo contesto in cui si devono indossare taluni comportamenti, produrre certe opere, sfoggiare le movenze e il linguaggio corretto. Riservati solo pochi giorni per essere triste perché non sei tra tuoi simili e i condizionamenti che hai ricevuto si stanno sgretolando perché privi del tuo ordine poetico.

Il piedistallo è vuoto, forse è ora che le persone smettano di curarsi solo dove si vede. Chiediamoci se è l'arte ad essere in fin di vita o se sono i sistemi che la regolamentano, chi la addomestica, nomina, descrive, colleziona, vende, presenta, capitalizza, senza capire un terzo dei suoi contenuti ad avere zavorre nascoste di cui affrancarsi. Il paradigma diventa ordigno nella scrittura automatica di un cellulare e tu sei l'esplosivo. Se l'impatto sociale dell'arte è minimo perché produce beni di lusso ed è vista tradizionalmente come inutile, battezziamo la tensione a lavorare con la materia dell'universo in un altro modo o rendiamo quest'arte utile a qualcosa o a qualcuno, anche solo a risollevare conflitti e spiriti abbattuti.

Genoa, 03.07.2018

This is a private and open letter to you, my dear, my complete stranger, my beloved, my invisible.

I am writing out of the necessity to contact you with a word that tosses and turns at night and is speechless during the day, that carries a certain note on encounters, on the expedients of art and its fences, on administration in general and on failed meetings..

I return briefly to my hometown where I don't live, in search of a familiarity, despite the fact that the culture I seek is falling apart over here. Certain societies teach us to constantly wish for more, for something else, sometimes providing us with tools to fuel the fires that keep us awake. As you know, we often shy away from our birthplaces, even when they are on three coasts in different nations and there are no apparent wars. You have also sought a shape elsewhere in the attempt to discover what other humans create in the world, to understand its complexity and perhaps one day verify it in collaboration with the representatives of other projections. From an evergreen forest, a warm winter sea, a non-standardized childhood we slide down to where the socks constrain the feet, the monuments that honor fathers suffocate the children of others, and labels create personality disorders. Studying the dispositions of cultures, living by the rules and choose whether or not to pleasantly go with the flow of the "to do" river; all this may lead us to realize that not all standards and systems are resources nor protections that guarantee a good aftertaste. Different laws that regulate other dimensions are close to us even when we choose not to see them.

I am writing because I would have wished to have someone who could give me instructions on how not to stumble around, someone else who could support my leaping into the void, and yet someone else who could show me the darker parts of light, teaching me to abandon a certain everlasting thinking that is educated and gentle, feminine, subdued in masculine percentages. It is seducing to make one's existence known, to design imaginary worlds, to evoke and transform realities, perpetuating the well-known 15 minutes of fame and being met with approval and acceptance.

But what is the price of exposure? What inner or collective urge drives our gestures? Many people around us feel the need to state themselves: I'm here too, I breathe, I am creative. This landscape littered with sold souls and with the acceptance of a relational and professional neglect is unsung yet viral. A certain vanity turns us into jesters, martyrs and executioners of long-lost dignities and humanities. It is more fulfilling to make culture just so you can say that you have promoted it and prove your participation, rather than taking on the benefit of anonymity or the responsibility of being the center of attention.

So, when you are being fenced in, or when you can't manage to get out of that poisoned perimeter even though you show clear symptoms of discomfort, stop, try to elude these aquariums, question your tolerance thresholds, try to define the boundaries beyond which a trespasser is doing violence. Abandon the fake residencies or the phony projects in which you are falsely being involved, which often don't give you the compensation or the valorization you deserve. If yesterday you were a fawn, tomorrow you can be a knife, coherence is just a myth for those who love bridles, or so it seems. If you run into blind individuals and institutions that act out of power and arrogance and don't recognize your worth or your work, or try to screw you over by devaluing your contribution, don't censor your refusals and your rage. Maintain the look of a child painted among predators and play safari, without forgetting that you can also abstain from a certain context that requires engaging in certain behaviors, creating certain works, flaunting the correct moves and languages. Spare no more than a few days in which to feel sad because you are isolated from your peers and because the conditionings you have received are now crumbling down because they lack your poetic order.

The pedestal is empty, perhaps it's time for people to stop taking care of the visible parts alone. Let's ask ourselves whether it is art that's lying on its deathbed or rather it's the systems that regulate it, the people that domesticate it, and name, describe, collect, sell, present, capitalize on it without understanding a third of its contents, that are burdened by hidden ballasts from which they should break free. The paradigm becomes a weapon in a mobile phone's predictive writing and you are the explosive.

If the social impact of art is slight because art creates luxury goods and is traditionally seen as useless, let's christen our tension to work with the matter of the universe in a different way, or else let's make this art useful to something or someone, even just to uplift conflicts and felled spirits.

Carme Sais Gruart, direttrice del Bòlit, Centre d'Art
Contemporani - Girona
www.thespur.eu | www.magazine.thespur.eu

Carme Sais Gruart, director of Bòlit, Centre
d'Art Contemporani - Girona
www.thespur.eu | www.magazine.thespur.eu

I diritti degli artisti in quanto operatori culturali
The rights of artists as cultural workers

Carme Sais Gruart

Se si analizza il livello delle buone pratiche applicate alla gestione delle arti visive su scala internazionale, è facile notare che i paesi scandinavi e anglosassoni meritano maggiore imitazione rispetto ad altri in Europa. Nel 1982, l'ONU ha pubblicato la Raccomandazione sullo status dell'artista (Belgrado, 1980). Il Canada è diventato un punto di riferimento per le politiche a sostegno dei creativi, così come il suo Statuto dell'artista (la Spagna ha approvato il proprio Statuto degli artisti nel 2018). Solo in pochissimi casi sono stati istituiti sistemi per garantire il mantenimento degli artisti professionisti. Questi includono il pagamento di onorari (Canada e Svizzera), sovvenzioni (Scandinavia) o l'assegnazione di una piccola percentuale del costo delle opere pubbliche per il sostegno delle arti (tra lo 0,5 e il 2% a seconda del paese).

Ciò nonostante, gli amministratori pubblici e privati delle arti e gli stessi artisti devono ancora oggi reclamare l'esercizio di buone pratiche nell'etica, nella professionalità e nel rispetto dei lavoratori delle arti contemporanee. Da un lato, gli artisti sono costretti ancora ad esigere la stipula di un contratto che regoli le loro collaborazioni professionali nonché il pagamento delle ore di lavoro. Dall'altro, è ancora necessario organizzare processi di selezione competitiva per i gestori di musei e centri d'arte che garantiscano procedure eque e trasparenti. Sia le buone che le cattive pratiche si possono rinvenire contemporaneamente in una singola regione o addirittura nella stessa città, ma si rilevano anche nuove tendenze in senso positivo, come la definizione di criteri di equilibrio di genere o di misure per correggere un deficit accumulato durante anni di dominio patriarcale della programmazione artistica e della configurazione delle collezioni museali.

In Spagna, ad esempio, nel 2008 vari comparti dell'arte contemporanea (associazioni di gestori di musei e centri d'arte, gallerie e artisti visivi) hanno firmato col Ministero della Cultura un documento che definisce le buone pratiche nei musei e nei centri d'arte. Contemporaneamente, l'Associazione degli artisti visivi della Catalogna (AAVC) ha pubblicato un manuale di buone pratiche nelle arti visive. Dieci anni dopo, nel 2018, l'Assemblea della Piattaforma degli Artisti della Catalogna (PAAC) (www.paac.cat) ha realizzato il "Llibre blanc: Models comentats de contractes per a artistes visuals" e ha istituito l'Osservatorio delle buone pratiche con l'obiettivo di monitorare lo stato dell'arte in Catalogna. Da parte sua, l'Associazione catalana dei critici d'arte (ACCA) (www.acca.cat) ha pubblicato i propri modelli di orientamento per ridurre e versare le tasse ai critici d'arte e ai curatori. Vale la pena ricordare che molte di queste raccomandazioni e modelli si basano su corpus legislativi generici, che possono variare da paese a paese e che sono stati pubblicati nella lingua ufficiale della comunità professionale a cui sono indirizzati.

Così, nel 2016, il Bòlit, Centre d'Art Contemporani, Girona ha ritenuto necessario creare un compendio di modelli e raccomandazioni nell'ambito delle buone pratiche professionali nelle arti visive internazionali, all'interno del progetto Europa Creativa The Spur.

Ha poi colto l'occasione per svilupparlo ulteriormente, collaborando con diversi centri in quattro paesi europei, grazie alla partecipazione di un gruppo di artisti e al sostegno della Commissione Europea e dell'Euroregione Pirenei-Mediterraneo.

The Spur (2016-2018) è stato un progetto Europa Creativa, nato dalla volontà d'istituire una rete di cooperazione europea composta da sette enti culturali che agissero come operatori culturali locali ed internazionali. Diretto da Bòlit, Centre d'Art Contemporani, Girona (www.bolit.cat), il progetto ha coinvolto partner quali il Centro d'arte contemporanea Le Lait di Albi, il Bureau des Arts et Territoires di Montpellier, il Museo d'arte moderna e contemporanea Es Baluard di Palma, la Fondazione per l'Arte di Roma, lo Sputnik Oz di Bratislava e l'Euroregione Pirenei-Mediterraneo.

L'obiettivo di questa unione di organizzazioni pubbliche e private era quello di condividere la conoscenza acquisita attraverso la propria esperienza nel settore creativo-culturale; sistematizzare e formalizzare le metodologie; condividere e rendere trasferibili le buone pratiche ed esperienze di successo (confrontandole, adattandole e applicandole ai diversi paesi) e sviluppare alcune delle linee di lavoro individuate singolarmente dai partner.

In termini più concreti, *The Spur* ha permesso a 22 artisti di partecipare a residenze internazionali. La residenza d'artista (AiR) è una delle modalità più sperimentali e popolari di supporto alla creazione artistica nelle arti contemporanee. Offre agli artisti il tempo e lo spazio necessario per riflettere sulla propria espressione artistica, creare una nuova opera d'arte e/o intraprendere progetti. Gli artisti vengono selezionati attraverso concorsi pubblici focalizzati sulla loro ricerca.

Il progetto *The Spur* ci ha inoltre permesso di lavorare insieme con l'obiettivo di stabilire un corpus di raccomandazioni, metodologie e procedure da trasformare in modelli di gestione per favorire il lavoro professionale, le migliori pratiche e la trasparenza. L'obiettivo era quello di confrontare le metodologie di lavoro dei centri partecipanti e di elaborare una metodologia trasferibile e versatile che potesse essere adattata ai diversi ambienti urbani, garantendo così la trasferibilità. Ciò ha significato strutturare l'esperienza e le procedure dei partecipanti sotto forma di protocolli, concordare modelli di documenti e adattare metodologie e contratti per un uso transnazionale europeo. Il risultato è stato un compendio di moduli, contratti e protocolli elaborati dai partner sulla base della propria esperienza. Essi costituiscono un insieme di risorse che possono contribuire allo sviluppo di futuri progetti creativi e alla professionalizzazione del settore. Sono stati creati più di ventinove modelli di documenti e sono stati elaborati protocolli d'azione, con la collaborazione di uno studio di consulenza in materia di gestione culturale nonché di avvocati esperti nel settore artistico. I materiali saranno pubblicati sui diversi canali mediatici del progetto (www.thespur.eu):

- manuale di buone pratiche per i professionisti dell'industria culturale e creativa;

- protocollo sul tutoraggio e sulle pratiche commerciali;

- contratti che disciplinano l'attività professionale degli artisti (contratto di mostra, contratto di vendita di opere d'arte, contratto di residenza per artisti, contratto di locazione di locali per artisti), ecc.;

- buone pratiche nelle residenze d'artista.

I due documenti principalmente prodotti sono stati un protocollo sulle buone pratiche nelle residenze d'artista e un modello di contratto tra l'artista e lo spazio di residenza. Questi due documenti sono il risultato di un accordo tra la struttura che organizza il programma e l'artista che ne usufruisce, elaborato nel corso di un incontro a Girona nel luglio 2018, con la partecipazione dei direttori dei centri del progetto *The Spur* e dei diciassette artisti residenti partecipanti al progetto.

Lo scopo del documento BUONE PRATICHE NELLE RESIDENZE ARTISTICHE è quello di migliorare la qualità di queste ultime e stabilire una guida diretta a centri, luoghi d'arte e artisti ospiti delle residenze. Il documento si distingue per i diversi contributi che sono stati giudicati particolarmente importanti dagli artisti coinvolti, come indicato di seguito:

1. non dovrebbero mai essere utilizzati criteri discriminatori (ad esempio, sesso, religione, età) nei processi generali di selezione degli artisti;

2. viene considerata cattiva pratica richiedere ai candidati di presentare foto o video personali; si ritiene necessario preservare la privacy dell'immagine personale dell'artista;

3. la struttura deve garantire che gli artisti svolgano il proprio lavoro, usufruendo della residenza in maniera tale da mantenere un sano equilibrio tra il lavoro professionale e la vita familiare. A questo proposito, il centro permetterà all'artista di beneficiare della residenza con il proprio partner o famiglia, a seconda delle

disponibilità e dello spazio assegnato, per il quale saranno elencate le misure di conciliazione previste. Ciò contribuirà a fornire pari opportunità tra gli artisti, facilitando la loro partecipazione con il partner e/o la famiglia.

Altre sezioni dettagliate nel documento comprendono la libertà di creazione e di espressione, la proprietà intellettuale dell'artista, i diritti morali dell'artista, la protezione dei dati, la trasparenza, la remunerazione economica, le misure di sicurezza e il materiale di lavoro. Una serie di conclusioni sul progetto, risultanti dall'incontro sopra menzionato, che vale la pena evidenziare:

1. si è compreso che gli artisti dovessero incontrarsi per condividere e discutere esperienze e stabilire reti di contatto con altri artisti e professionisti nella gestione delle arti visive, consentendo loro di mettere da parte i loro obiettivi individuali e confrontare il proprio lavoro con quello degli altri;

2. in quanto organizzazioni, dobbiamo chiedere a noi stessi di lavorare in modo più trasparente e di aprire i processi alla partecipazione e al dibattito;

3. è logico e positivo chiedere un impatto sociale ed la disseminazione dei risultati all'interno della città, da parte degli artisti in residenza, in cambio del sostegno che ricevono;

4. i documenti sulle raccomandazioni per le buone pratiche e i modelli di contratto sono molto utili sia per i professionisti del management sia per gli artisti;

5. è necessario trovare forme di innovazione nella promozione degli spazi creativi di alta qualità nelle città e in un maggiore sostegno alla ricerca artistica, garantendo buone condizioni di lavoro professionale.

Infine, è stata fissata, come conclusione generale, che lavorare su scala internazionale e in rete migliora le prestazioni delle organizzazioni impegnate nell'arte.

If we analyse the maturity of good practice as applied to the management of the visual arts on an international level we can see that the Scandinavian and Anglo-Saxon countries are more worthy of imitation than others in Europe. In 1982, the UN published its Recommendation Concerning the Status of the Artist (Belgrade, 1980) and Canada became a reference for policies in support of creators, as well as their benchmark Artist's Statute (Spain passed its own Artists' Statute in 2018). Only in a very few cases have systems been established to guarantee the maintenance of professional artists. These include the payment of fees (Canada and Switzerland), grants (Scandinavia) or the allocation of a small percentage of the cost of public building works to support the arts (between 0.5 and 2% depending on the country).

Despite this, public and private arts administrators and the artists themselves still today have to call for the exercise of good practice in the ethics, professionalism and respect for workers in the contemporary arts. On the one hand, artists still have to demand the establishment of a contract that regulates their work and payment of the hours they work; on the other, it is still necessary to organise competitive selection processes for managers of museums and art centres that guarantee fair and transparent procedures. While both good and bad practice can be found simultaneously in a single region or even in the same town or city, we also detect new trends in positive working, such as the establishment of gender balance criteria or measures to correct a deficit accumulated during years of the patriarchal domination of artistic programming and the configuration of museum collections.

In Spain, for example, in 2008 various sectors of the contemporary arts (associations of museum and art centre managers, galleries and visual artists) and the Ministry of Culture signed a document setting out good practice in museums and art centres, while the Association of Visual Artists of Catalunya (AAVC) published a manual of good practice in the visuals arts. Ten years later, in 2018 the Assembly Platform of Artists of Catalonia (PAAC) (www.paac.cat) published its "Llibre blanc: Models comentats de contractes per a artistes visuals" and set up the Observatory of Good Practice with the aim of monitoring the status of good practice in Catalonia.

For its part, the Catalan Association of Art Critics (ACCA) (www.acca.cat) published its guidance models for contracting and paying fees to art critics and curators. It is worth mentioning that many of these recommendations and models are based on generic legislative corpuses that may vary from country to country and were published in the official language of the professional community to which they were addressed.

Thus, in 2016, the Bòlit, Centre d'Art Contemporani. Girona found it necessary to create a compendium of models and recommendations in the sphere of good professional practices in the international visual arts as part of the Europa Creativa The Spur project. It took the opportunity to develop it in association with diverse centres in four European countries, with the participation of artists and the support of the European Commission and the Pyrenees-Mediterranean Euroregion.

The Spur (2016-2018) was a European Creative project conceived under the premise of creating a European cooperation network made up of seven cultural entities acting as local and international cultural operators. Headed by Bòlit, Centre d'Art Contemporani. Girona (www.bolit.cat), the project involved partners including Le Lait Centre for Contemporary Art in Albi, the Bureau des Arts et Territoires in Montpellier, Es Baluard Museum of Modern and Contemporary Art in Palma, the Fondazione per l'Arte in Rome, Sputnik Oz in Bratislava and the Pyrenees-Mediterranean Euroregion.

The objective of this union of public and private organisations was to share the knowledge acquired through their experience in the creative-cultural sector; to systemise and formalise methodologies; to share and make transferable successful good practices and experiences (comparing them, adapting them and applying them to the different countries) and to develop some of the working lines sought out individually by the partners.

On a more concrete level, *The Spur* allowed 22 artists to participate in international residencies. Artist in residence (AiR) is one of the most experimental and popular ways to help artistic creation in the contemporary arts. It offers artists the time and space necessary to reflect their artistic expression, create a new artwork and/or undertake projects.

The artists in residence were selected through public contests and focused on artistic research.

The Spur project also enabled us to work together with the aim of establishing a corpus of recommendations, methodologies and procedures to become management models for fostering professional work, best practice and transparency. The aim was to compare the working methodologies of the participating centres and to draw up a transferable and versatile methodology that could be adapted to different urban environments, thus ensuring transferability. This meant structuring the participants' experience and procedures in the form of protocols; agreeing document models; and adapting methodologies and contracts for transnational European use. The result was a compendium of forms, contracts and protocols drawn up by the partners on the basis of their own experience. They constitute a body of resources that can help in the development of future creative projects, as well as in professionalising the sector. More than 29 template documents were created and action protocols were drawn up with the cooperation of a cultural management consultancy firm and lawyers with expertise in the arts sector. They will be published on the project's media outlets (www.thespur.eu):

- good practice manual for professionals in the cultural and creative industries;

- protocol on mentoring and business practices;

- contracts regulating the professional work of artists (exhibition contract/artwork sales contract/artist residency contract/artist premises lease contract), etc.;

- good practice in artist residencies.

The two main documents were a protocol on good practice in artist residencies and a model contract between the artist and the art residency space. These two documents were the result of an agreement between the centre that organises the artist residencies and the artist who undertakes them. They were drawn up during a meeting in Girona in July 2018 with the participation of the directors of the *The Spur* project centres and 17 of the resident artists participating in the project.

The purpose of the document GOOD PRACTICE IN ARTISTIC RESIDENCIES is to improve the quality of artistic residencies and to establish a guide to good practice between centres, art venues and artists-in-residence. The document stands out for the diverse contributions that were found to be particularly important by the participating artists, which were as follows:

1. discriminatory criteria (e.g. gender, religion, age) should never be used in the general processes for the selection of artists;

2. it is considered bad practice to require candidates to present personal photos or videos; this is necessary to preserve the privacy of the artist's personal image;

3. the centre will ensure that the artists perform their work and undertake the residency whilst maintaining a healthy balance between their professional work and their family life. In this regard, the centre will enable the artist to undertake the residency with their partner or family, depending on availability and the available space, for which the conciliation measures provided will be listed. This will contribute to providing equality of opportunity among artists by facilitating the participation of artists with a partner and/or family.

Other sections that are detailed in the document include freedom of creation and expression, the artist's intellectual property, the artist's moral rights, data protection, transparency, economic remuneration, safety measures and working material.

A set of conclusions regarding the project worth highlighting can be extracted from the above meeting:

1. it was acknowledged that the artists needed to meet in order to share and discuss experiences and establish contact networks with other artists and professionals in the management of the visual arts, enabling them to put their individual tasks to one side and compare their work with that of others;

2. as organisations we have to require ourselves to work more

transparently and to open up the processes to participation and debate;

3. there is a consensus that is logical and positive to demand a social return and dissemination within the city by the artists-in-residence in exchange for the support they receive;

4. the documents on recommendations for good practice and contract models are very useful for management professionals, as well as for artists;

5. it is necessary to innovate in promoting high-quality creative spaces in cities and in providing more support for artistic research in good professional working conditions.

Finally it was stated as a general conclusion that working on an international scale and in a network improves the performance of organisations engaged in contemporary art.

Anna Santomauro, curatrice presso Arts Catalyst, fondatrice
di Vessel e ricercatrice presso l'Università di Wolverhampton
www.artcatalyst.org | www.vesselartproject.org

Anna Santomauro, curator at Arts Catalyst, founder of Vessel
and PhD student at University of Wolverhampton
www.artscatalyst.org | www.vesselartproject.org

Vessel: per una micropolitica della pratica istituente
Vessel: for a micro politics of institutional practice

Anna Santomauro

Ad aprile del 2011 nasce Vessel Art Project, un'iniziativa curatoriale che prende vita dalla collaborazione con la curatrice Viviana Checchia e che, pur mantenendo uno sguardo transnazionale, affonda le proprie radici in Puglia, dove entrambe siamo nate e da cui ci siamo partite nei primi anni 2000. La vicenda di Vessel si intreccia più o meno direttamente con le vicende sociali, politiche e infrastrutturali di questa regione e riflette accelerazioni, successi e battute d'arresto di una stagione che a livello locale e nazionale ancora oggi rappresenta uno dei laboratori politici più interessanti degli ultimi decenni in Italia. Attraverso il programma Principi Attivi, Il governo regionale di Nichi Vendola e l'assessorato alle politiche giovanili di Guglielmo Minervini hanno impiegato ingenti budget provenienti da fondi europei per supportare iniziative under 35 tra il 2005 e il 2015. In pochi anni, una regione storicamente protagonista di costanti flussi migratori di giovani studenti e lavoratori si riprometteva di richiamare indietro queste energie, offrendo infrastrutture materiali e immateriali limitate nel tempo e pur sempre impiantate su un terreno franoso, basati su una retorica della partecipazione pre-populista e nello stesso tempo in grado di creare un'atmosfera e un immaginario radicale.

Il 2011 rappresenta un anno di rivoluzioni e cambiamenti tanto nella geopolitica globale quanto nelle esperienze di politica dal basso, nei movimenti sociali e tra le reti di azioni civiche che si moltiplicano trasversalmente in vari contesti. Dal Sud Europa in lotta contro le misure di austerità al Mediterraneo in movimento con la primavera araba tra rivoluzioni e proteste in Egitto, Tunisia e Turchia, con nuovi soggetti politici come gli Indignados, Occupy e le reti municipali radicali che si vanno formando.

Questa breve introduzione, tra scenari globali di insorgenza, protesta e organizzazione da una parte, e politiche regionali fragili ed emancipatorie allo stesso tempo, pone le basi per comprendere come il discorso curatoriale di Vessel sia inestricabilmente collegato alla realtà di un mondo non solo in crisi – in particolare dopo il collasso finanziario del 2008 – ma che, nel bene e nel male, nell'alta finanza quanto nei movimenti sociali, in quella stessa crisi trova un motore vitale attraverso il quale riformulare la realtà attraverso nuovi processi istituenti.

Seppur nato dall'idea di costruire una struttura organizzativa solida e strutturata, basata sulla distinzione di ruoli e competenze, nel corso degli ultimi otto anni e in maniera più o meno involontaria, il progetto Vessel finisce per inciampare nelle fratture di una serie di infrastrutture materiali e immateriali nelle quali inevitabilmente si imbatte, incorporandone le disfunzioni nei propri discorsi, nella pratica curatoriale e nella relazione discontinua con il territorio. In altre parole, Vessel performa costantemente il 'diventare organizzazione' senza mai rimanere cristallizzato in una, ma continuando a chiedersi: che cosa significa esserlo? E che cosa significa esserlo in Puglia, negli anni tanto della crisi economica e finanziaria globale quanto nel momento di maggiore visibilità della regione che – in un intreccio fragile e problematico tra marketing e politiche progressiste – investe le proprie energie e costruisce narrazioni contemporaneamente sul turismo e sulla partecipazione politica e sociale? Nei primi anni Vessel ha visto nel rifiuto della mostra come pratica e come possibile modalità di transazione una delle possibili forme di antagonismo nei confronti di un contesto macropolitico – a livello regionale e nazionale – impiantato su rappresentazione e narrazioni non di rado scollate dalla realtà. Abbiamo dunque sostituito la temporalità della mostra – con la sua durata limitata, la sua relazione con lo spazio espositivo e la politica della presentazione basata sulla sottrazione – a una temporalità discontinua ma fatta di accumulazione. Attraverso una serie di programmi pubblici, tra residenze per curatrici/curatori e artisti, programmi curatoriali intensivi, e in particolare adottando in chiave non accademica la metodologia chiamata Participatory

Action Research, abbiamo attivato processi di ricerca informale indagando il mondo rurale, i confini urbani, le migrazioni, il lavoro e la maternità con artiste/i, attiviste/i, architetti, formando di volta in volta comunità temporanee di interesse (e di pratiche). In un testo del 2004, Marta Malo de Molina ricontestualizza la Participatory Action Research nell'ambito della produzione di quelle forme di sapere – spesso provenienti da posizioni marginali – che si originano nelle lotte, nelle forme di autorganizzazione e, più in generale, nella convivenza con una realtà specifica da cui originare conoscenza, dal teorico al concreto e viceversa. Tra gli altri approcci che Malo de Molina cita ci sono l'autocoscienza, la *conricerca* e più in generale la ricerca militante, e l'analisi istituzionale. Secondo l'autrice, la Participatory Action Research nasce dalla convergenza di studi critici e pedagogia, in particolare in America Latina dove si sono originate le pratiche e le teorie di Paulo Freire sulla pedagogia.

Questo approccio mette al centro l'azione, in particolar modo l'azione collettiva di e con coloro che vivono a stretto contatto con l'oggetto della ricerca. La ricerca dunque non solo abbandona ogni pretesa di neutralità, ma diventa uno strumento diretto di azione e di intervento, con un potenziale tanto informativo quanto trasformativo. La dimensione trasformativa investe soggetto e oggetto della ricerca indistintamente: per Vessel è indubbio che questo potenziale ha trovato maggiore riscontro all'interno dell'organizzazione più che nei contesti ai quali si è affacciata senza mai realmente radicarvisi.

Seguendo le modalità della Participatory Action Research, nel corso di otto anni Vessel ha invitato artisti e curatori ad esplorare la forma dialogica come strumento di ricerca e come mezzo di transazione. Nell'ambito del progetto Radio Materiality, l'artista di origine palestinese Bisan Abu Eisheh ha indagato la dimensione del confinamento con un gruppo di richiedenti asilo che a Bari, insieme agli attivisti di Rivolta il Debito, hanno occupato l'ex liceo Socrate, dando vita a un processo di autocostruzione e di restituzione dell'edificio alla città. Attraverso una serie di laboratori, di incontri informali e di interviste, l'artista ha utilizzato l'idea del broadcast e della costruzione DIY di una radio per uscire dallo stato di invisibilità della scuola e dei suoi abitanti rispetto al resto della città.

L'artista spagnolo Jaume Ferrete ha guidato una serie di conversazioni con la comunità LGBTQ+ di Bari sulle relazioni tra voce, sessualità, affettività e potere, e sugli usi, i significati e gli incidenti della voce nella sfera pubblica, politica e sociale. Questi incontri hanno rappresentato il punto di partenza per un'indagine più ampia sulla dimensione aurale della città, e un'analisi della politica di ciò che resta inascoltato e di ciò che viene urlato.

Elena Cologni ha mappato la dimensione urbana della città attraverso la lente della maternità: utilizzando un approccio dialogico ispirato a Danilo Dolci e a Mikhail Bakhtin – che vede nel dialogo un processo trasformativo della coscienza ed un elemento fondante della partecipazione alla vita soggettiva e collettiva – l'artista ha combinato la spazialità e gli ostacoli della città con una ricomposizione a due voci del vocabolario legato all'affettività.

In nessuno di questi casi è stato chiesto agli artisti di produrre o di sintetizzare l'esperienza in una forma cristallizzata, lasciando spazio alla libertà di ricerca per se stessa, e in parte alla frustrazione negli artisti di non vedere materializzare questi processi nell'immediato.

In questi come in molti altri progetti ed esperienze il centro del nostro lavoro curatoriale è stato in continuo spostamento, da una parte allargando i limiti di quello che il discorso e la pratica curatoriale in sé possono implicare, dall'altra richiedendo un investimento di carattere affettivo mai del tutto radicato in una condivisione abbastanza a lungo termine da poter costruire comunità attorno a sé. Nella società della bioeconomia e del lavoro cognitivo che prevede una totale aderenza tra tempo di vita e tempo di lavoro, e che nello stesso tempo 'mette a lavoro' la cooperazione, l'affetto e la cura, Cristiana Morini ha provocatoriamente introdotto la definizione di "femminilizzazione del lavoro", dove quelle caratteristiche come la precarietà e l'esclusione dal lavoro salariato che fino a qualche tempo fa erano prevalentemente associate al mondo femminile, oggi si diffondono all'intera società. In questo scenario dal quale pare ci siano poche uscite, è possibile definire degli spazi di autonomia nel momento in cui si riescono a costruire le infrastrutture necessarie a sostenerla. Il radicamento e la temporalità discontinua di Vessel – e in maniera diversa di molte altre organizzazioni, nel mondo della cultura come dell'educazione, della sanità e dell'ambiente – rendono disordinate le operazioni verso l'autonomia.

Tuttavia, il costante processo di autoriflessione, di reinvenzione delle forme organizzative di Vessel e delle relazioni che scaturiscono dalle sue vicende aprono uno spazio da cui provare a immaginare non solo (o addirittura non più) cosa produrre, ma soprattutto come farlo.

Vessel Art Project was born in April 2011. It is a curatorial initiative that comes to life from the collaboration with the curator Viviana Checchia. While maintaining a transnational look, it has its roots in Apulia, where we were both born and from which we started in the early 2000s. Vessel's story is more or less directly intertwined with the social, political and infrastructural events of this region. It reflects the accelerations, the successes and the setbacks of a season that still represents one of the most interesting political workshops of recent decades in Italy, both locally and nationally. Through the programme called Principi Attivi, Nichi Vendola's regional government and Guglielmo Minervini's department for youth policies used huge budgets from European funds to support initiatives under 35 between 2005 and 2015. In a few years, a region historically shaped by constant migratory flows of young students and workers promised to call back these energies, offering material and immaterial infrastructures limited in time and still implanted in a landslide, based on a rhetoric of pre-populist participation and at the same time able to create a radical atmosphere and imagination.

2011 represents a year of revolutions and changes both in global geopolitics and in the experiences of bottom-up politics, in social movements and among the networks of civic actions that multiply transversally in various contexts. From Southern Europe fighting against austerity measures to the Mediterranean in motion with the Arab Spring between revolutions and protests in Egypt, Tunisia and Turkey, with new political subjects such as Indignados, Occupy and the radical municipal networks that are forming.

This brief introduction, between global scenarios of insurgence, protest and organisation on the one hand, and fragile and emancipatory regional policies at the same time, lays the foundations for understanding how Vessel's curatorial discourse is inextricably linked to the reality of a world not only in crisis - particularly after the financial collapse of 2008 - but which, for better or for worse, in high finance as well as in social movements, finds in that same crisis a vital drive through which to reformulate reality through new institutional processes.

Initially, the project was born from the idea of building a solid organisational structure, based on the distinction of roles and competences. However, over the last eight years, the Vessel project ended up stumbling into the fractures of a series of material and immaterial infrastructures that it inevitably encountered. Thus, it incorporated the dysfunctions in its discourses, in its curatorial practice and in its discontinuous relationship with the territory. In other words, Vessel constantly acts its will to 'become an organisation' without ever remaining crystallised in one, but still asking itself: what does it mean to be one? And what does it mean to be one in Apulia, in the years of the global economic and financial crisis as well as in the moment of greater visibility of the region that - in a fragile and problematic interweaving between marketing and progressive policies - invests its energies and builds narratives simultaneously on tourism and on political and social participation? In the early years, Vessel saw in the rejection of the exhibition as a practice and as a possible mode of transaction one of the possible forms of antagonism towards a macropolitical context - at a regional and national level - implanted on representation and narratives often disconnected from reality. We have therefore replaced the temporality of the exhibition - with its limited duration, its relationship with the exhibition space and the policy of presentation based on subtraction - with a discontinuous temporality made up of accumulation. Through a series of public programs, including residencies for curators and artists, intensive curatorial programs and in particular by adopting in a non-academic key the methodology called Participatory Action Research, we have activated informal research processes investigating the rural world, urban boundaries, migration, work and motherhood with artists, activists, architects, forming from time to time temporary communities of interest (and practices). In a 2004 text, Marta Malo de Molina recontextualised Participatory Action Research in the context of the production of those forms of knowledge - often coming from marginal positions - that originate in struggles, in forms of self-organisation and, more generally, in coexistence with a specific reality from which to originate knowledge, from the theoretical to the concrete and vice versa. The other approaches that Malo de Molina mentions include self-awareness, *participatory research* and, more generally, militant research and institutional analysis. According to the author, *Participatory Action Research* was born from the convergence of critical studies and pedagogy, particularly in Latin America where Paulo Freire's practices and theories on pedagogy originated.

This approach focuses on action, especially the collective action of and with those who live in close contact with the object of the research. Therefore, research not only abandons any claim to neutrality, but becomes a direct instrument of action and intervention, with a potential that is as informative as it is transformative. The transformative dimension invests the subject and the object of the research indiscriminately: for Vessel, there is no doubt that this potential has found greater confirmation within the organisation rather than in the contexts to which it has faced without ever really taking root.

Following the modalities of Participatory Action Research, over the course of eight years, Vessel has invited artists and curators to explore the dialogical form as a research tool and as a means of transaction. As part of the *Radio Materiality project*, the Palestinian-born artist Bisan Abu Eisheh investigated the dimension of confinement with a group of asylum seekers who, in Bari, together with the activists of *Rivolta il Debito*, occupied the former high school Socrate, creating a process of self-construction and restitution of the building to the city. Through a series of workshops, informal meetings and interviews, the artist used the idea of broadcast and DIY construction of a radio to get out of the state of invisibility of the school and its inhabitants with respect to the rest of the city.

Spanish artist Jaume Ferrete led a series of conversations with the LGBTQ+ community of Bari on the relationships between voice, sexuality, affectivity and power, and on the uses, meanings and incidents of voice in the public, political and social spheres. These meetings were the starting point for a broader investigation into the aural dimension of the city, and an analysis of the politics of what remains unheard and what is being shouted.

Elena Cologni has mapped the urban dimension of the city through the lens of motherhood: using a dialogical approach inspired by Danilo Dolci and Mikhail Bakhtin - who sees dialogue as a transformative process of consciousness and a fundamental element of participation in subjective and collective life - the artist has combined the spatiality and obstacles of the city with a two voices recomposition of the vocabulary related to affectivity. In none of these cases were artists asked to produce or synthesise the experience in a crystallised form, leaving room for freedom of research for oneself, and partly for frustration in the artists to see these processes not materialise immediately.

In these, as in many other projects and experiences, the focus of our curatorial work has been constantly shifting, on the one hand widening the limits of what the curatorial discourse and practice in itself may imply, and on the other hand requiring an investment of an affective nature never entirely rooted in a long-term sharing experience to build communities around itself. In the society of bio-economy and cognitive work that provides for a total adherence between life time and work time, and at the same time 'puts to work' cooperation, affection and care, Cristiana Morini has provocatively introduced the definition of 'feminisation of work', where those characteristics such as precariousness and exclusion from paid work that until recently were predominantly associated with the female world, now spread to the whole of society. In this scenario, which seems to have few escape routes, it is possible to define spaces of autonomy when it is possible to build the necessary infrastructure to support it. Vessel's discontinuous rootedness and temporality - and in a different way from many other organisations, in the world of culture as well as education, health and the environment - make operations towards autonomy disorganised. However, the constant process of self-reflection, of reinvention of Vessel's organisational forms and of the relations that spring from its events, open up a space to imagine not only (or even no longer) what to produce, but above all how to do it.

opere / artworks

Đejmi Hadrović

Zahida is a Feminist, 2016

Il focus della letteratura femminista occidentale e bianca, rispetto
alla crisi jugoslava, dipinge le donne esclusivamente come vittime di
guerra, anziane rifugiate o giovani donne violate. Tutta la narrazione
sulle partigiane della Seconda Guerra Mondiale, come giovani
impegnate politicamente e socialmente che si sono conquistate nuovi
spazi di emancipazione sociale in zone di guerra, è completamente
dimenticata, ad esempio. L'opera *Zahida è una femminista* vuole
rappresentare un modello alternativo per parlare di pratiche di donne
balcaniche emancipate, senza le implicazioni che l'Occidente ha loro
tradizionalmente attribuito dal punto di vista culturale ed ideologico.

The focus of western and white feminist literature, with respect to
the Yugoslav crisis, depicts women exclusively as victims of war,
elderly refugees or young raped women. All the narration about the
partisan women of the Second World War, who were politically and
socially engaged young women who conquered new spaces of social
emancipation in war zones, is completely forgotten, for example.
The work wants to represent an alternative model to talk about the
practices of emancipated Balkan women, without the implications
that the western world has traditionally attributed to them from a
cultural and ideological point of view.

Photography, Courtesy of the artist
dejmihadrovic.si

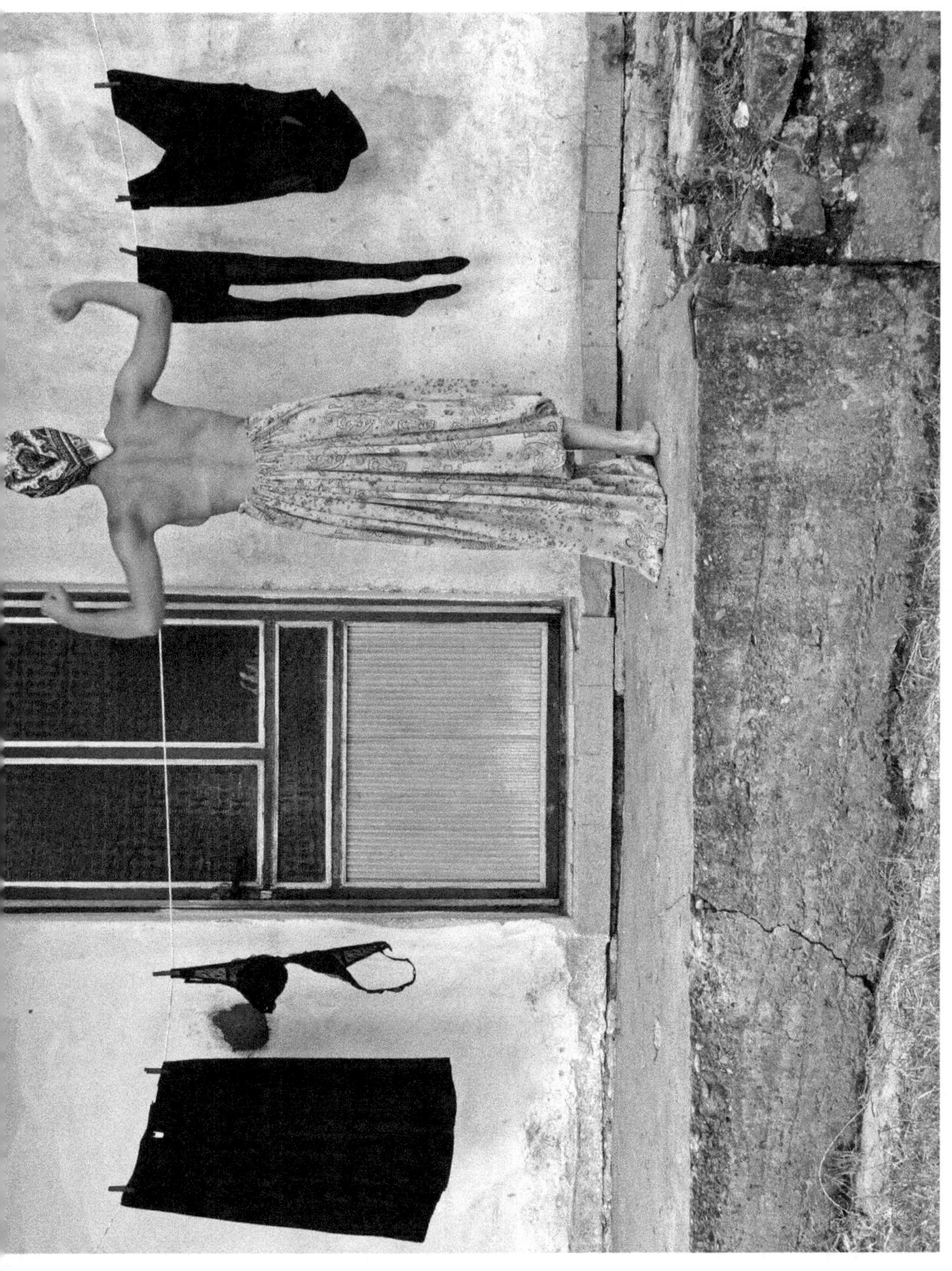

Giada Pucci

Pasti d'artista, 2013 - 2019

Pasti d'Artista è un'azione di sensibilizzazione sulla condizione di precarietà esistenziale ed economica degli artisti. Un concorso per fornire agli artisti buoni pasto gratuiti e una serie di azioni (riunioni, interviste, comprese le richieste di contributi) sono i mezzi utilizzati dal progetto.

Pasti d'Artista (Artist's Meals) is an awareness raising action on the condition of existential and economic precariousness of the artists. A contest to provide artists with free meal vouchers and a series of actions (meetings, interviews, including requests for contributions) are the means that the project had used.

Awareness raising action, Courtesy of the artist
www.facebook.com/pastidartista/
pastidartista.wordpress.com/

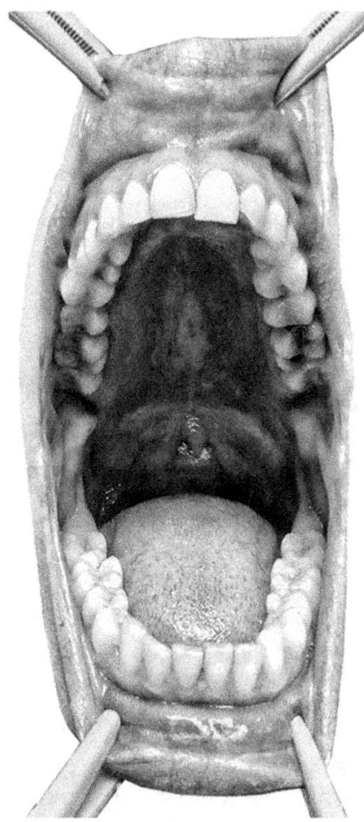

Pasti d'Artista è un'operazione artistica, ideata e condotta da Giada Pucci, che unisce gli strumenti della ricerca etnografica, dell'inchiesta e della restituzione foto-video installativa, al fine di sensibilizzare l'opinione pubblica e le istituzioni culturali pubbliche e private sulla condizione di precarietà esistenziale ed economica degli artisti. A partire dai principi espressi dalla Raccomandazione UNESCO del 1980 e dalle Risoluzioni del Parlamento Europeo del 1999 e 2007, che riconoscono all'arte una funzione centrale per la vita, lo sviluppo dell'uomo e della società e che sottolineano la necessità di formulare e applicare un quadro giuridico istituzionale a sostegno della creatività, Giada Pucci ha realizzato una serie di interviste a operatori del mondo dell'arte e una loro restituzione con conferenze, workshop e video-installazioni nei luoghi istituzionali del sistema e del mercato dell'arte. La prospettiva che ha guidato l'azione artistica è che arte e cultura rappresentino un "nutrimento" indispensabile per la società e che provocatoriamente il primo sostegno degli artisti sia "nutrirli".

Pasti d'Artista si è presentato quindi come un progetto pilota regolato da un bando di concorso che prevedeva l'erogazione di buoni pasto gratuiti per gli artisti, lanciando in questo modo un grido di allarme sulla condizione della figura dell'artista in Italia. Inoltre, attraverso incontri aperti al pubblico (21 maggio 2014, Palazzo Saluzzo Paesana; 4 luglio 2014, GAM di Torino) e una serie di interviste ad artisti, critici, storici dell'arte e galleristi, l'inchiesta/ azione artistica ha individuato diverse problematiche nel rapporto tra creativi e istituzioni, mondo della cultura e finanziamenti pubblici/ privati, sottolineando la necessità di una ridefinizione dello status dell'artista (culturale/professionale) e della legislazione sui diritti/tutele degli artisti stessi.

Roberto Mastroianni

Sandrine Nicoletta

- our world has not yet been discovered, 2019

- our world has not yet been discovered (il nostro mondo non è ancora stato scoperto) è la voce delle donne, degli artisti di colore e degli artisti appartenenti alla comunità LGBTQ, ma in maniera più ampia delle persone discriminate, non solo nel mondo dell'arte ma anche nel mondo del lavoro. Non solo nel lavoro ma nella società tutta. Il mondo di tutte queste persone non è ancora stato scoperto perché molto meno espresso; la frase vuole renderlo manifesto, ma anche creare curiosità per questi universi ancora sconosciuti. Si presenta come parte di un dialogo, con la speranza che sia aperto e fruttuoso.

- our world has not yet been discovered is the voice of women, black artists and artists belonging to the LGBTQ community, but more widely of discriminated people, not only in the world of art but also in the world of work. Not only in work but also in society as a whole. The world of all these people has not yet been discovered because it is much less expressed. This line is intended to make it manifest, but also to create curiosity for these universes still unknown. It presents itself as part of a dialogue, with the hope that it will be open and fruitful.

Photography, Courtesy of the artist
www.instagram.com/sandrinenicoletta
www.drifters.land

- Our world has not yet been discovered.

Valentina Miorandi

Current status: Zero Wage, 2019

Current status: Zero Wage (Stato attuale: Salario Zero) è un invito a combattere il lavoro intellettuale non pagato o sottostimato. Nella sua recente attività di docente all'Accademia di Belle Arti, Valentina Miorandi ha intercettato nei suoi studenti la paura di dover lavorare in un campo completamente estraneo ai loro studi, che li spinge ad accettare uno stage dietro l'altro. Nella sua stessa esperienza come artista dichiara di aver rifiutato molte occasioni di lavoro non retribuite, che poi sono state colte da altri. Pur di non essere esclusi, infatti, si tende ad accettare questo genere di sfruttamento.

Current status: Zero Wage is an invitation to combat unpaid or understated work. In her recent work as a lecturer at the Academy of Fine Arts, Valentina Miorandi has intercepted in her students the fear of having to work in a field that has nothing to do to with their studies, which pushes them to go from one internship after another. In her own experience as an artist, she claims to have rejected many unpaid job opportunities, which were then seized by others. In fact, in order not to be excluded, one tends to accept this kind of exploitation.

Photography, Courtesy of the artist

Per animare l'immagine si prega di scaricare l'app ARTivive sul proprio smartphone e inquadrarla.

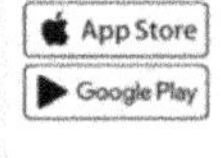

1. Install the **Artivive** app

2. Hold your smartphone **in front** of the artwork

www.valentinamiorandi.com
www.drifters.land

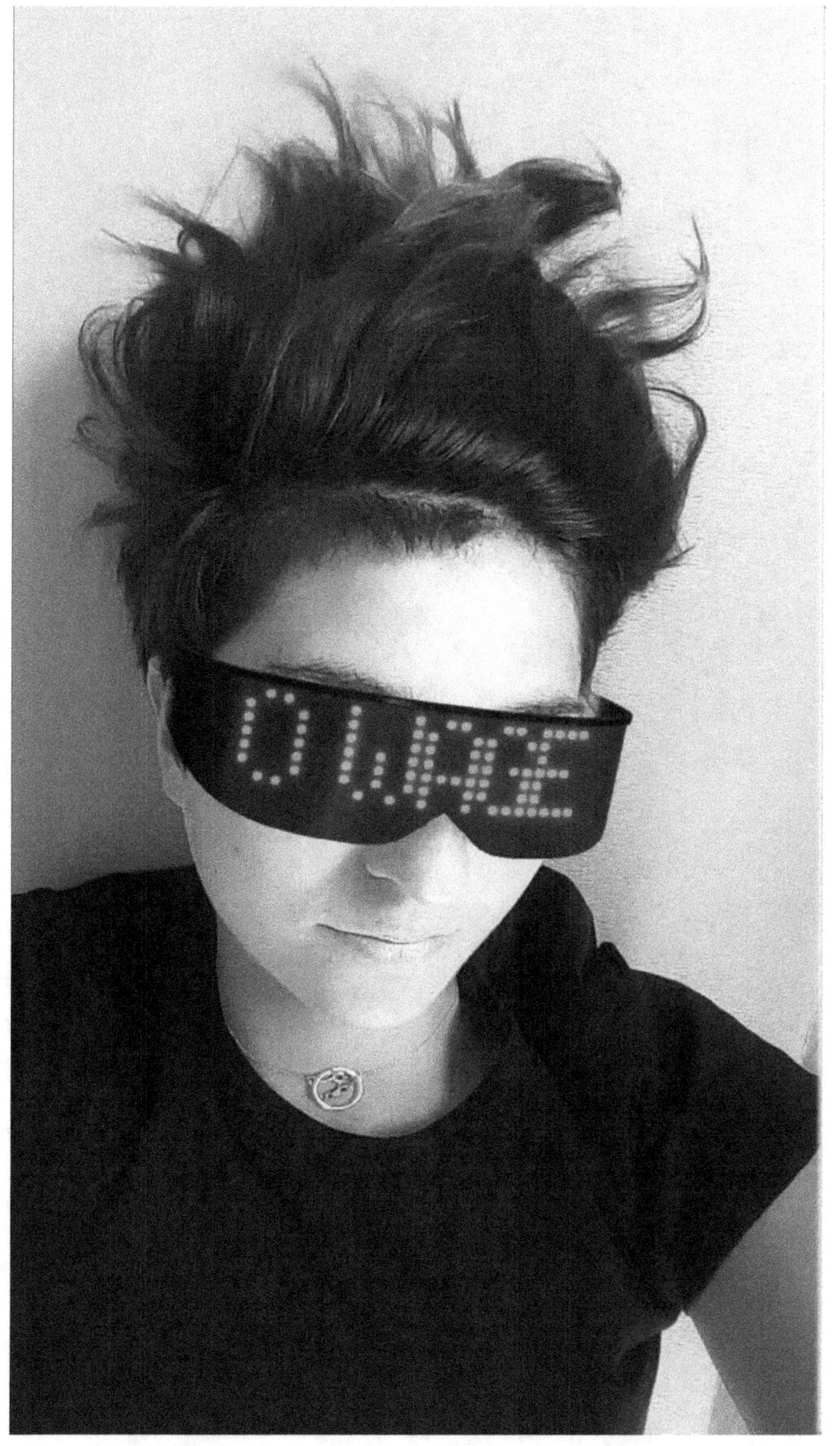

Who's art for? Art workers against exploitation

Un libro e un convegno di /
A book and a conference by

R-set / Tools for cultural workers (un progetto di / a project by **Impasse**)

In collaborazione con /
In collaboration with
Rete al Femminile

Con la partecipazione di /
With the participation of

Dipartimento Educazione del Castello di Rivoli Museo d'Arte Contemporanea (Anna Pironti, Paola Zanini)

Con il sostegno di / With the support of

Bando +Risorse della Fondazione Sviluppo e Crescita CRT

e dei donatori della campagna #whosartfor su Eppela / and the contributors of the campaign #whosartfor on Eppela:

Marzia Allietta, Annamaria Anelli, Giovanna Angiolini, Lucia Arsena, Elena Augelli, Claudia Balocchini, Elena Beatrice, Emanuela Bedini, Simona Biancu, Valentina Bonomonte, Paola Borrione, Erica Bortolussi, Marco Bozzola, Francesca Busellato, Verena Caetano da Silveira, Antonella Calabrese, Davide Capostagno, Jota Castro, Beatrice Catanzaro, Simona Cavallari, Virginia Ruth Cerqua, Francesca Ciletta, Cecilia Cortese, Katya Craftsova, Barbara Crespigni, Alberto Cuttica, Valentina D'Amelio, Gaia Daldanise, Patrizia De Bari, Marco De Napoli, Iolanda Di Bonaventura, Marilina Di Cataldo, Maria Di Niola, Annalisa Di Tommaso, Stefania Doglioli, Eliga84, Paola Fagnola, Linda Filippini, Barbara Fragogna, Eleonora Fraire, Maria Giovanna Gambara, Giardino Chiuso, Bernhard Garnicnig, Marta Giavarini, Silvia Gilotta, Sabrina Giolitto, Tatjana Giorcelli, Ewa Gleisner, Gioia Gottini, Laura Guercio Coppo, Lea Iandorio, Impasse, Elena Inchingolo, Chen Li, Giacomo Loglisci, Federica Maltese, Rita Marchiori, Domenico Marino, Giulia Mascadri, Emanuela Masini, Maria Concetta Massa, Valentina Masullo, Massimiliano Mazzeo, Annalisa Menin, Claudia Molino, Lucia Nazzaro, Maria Rosa Nervo, Barbara Oggero, Maria Luisa Ongaro, Cristina P., Veronica Pacella, Elisa Passet, Luisa Pavesi, Maria Gracia de Pedro, Marianna Peracchi, Maria Petracca, Paola Picco, Adriana Pittatore, gli amici di Portmanteau, Massimo Potì, Marcella Pralormo, Mario Raffa, Elisabetta Rapetti, Rete al Femminile, Gennaro Ricolo, Giulia Robert, Francesca Rol, Raffaella Ronchetta, Daniela Rosas, Giancarlo Russelli, Giovanna Russo, Danila Saba, Anna Santomauro, Veronica Scaletta, Catterina Seia, Carola Serminato, Claudia Scarlata, Valeria Spada, Paolo Sponza, Tea Taramino, Roberta Testa, Laura Todisco, Andrea Trigolo, Alessandra Troncone, Roberta Tumiatti, Sara Valente, Susanna Valente, Sara Valinotti, Monica Verna, Beatrice Verri, Rossana Viazzi, Manuela Vullo, Barbara Wade, Valeria Zangrandi.

I fondi raccolti, per un totale di € 7.255, sono stati impiegati per il 75% nella retribuzione del lavoro delle autrici selezionate, per le traduzioni, la progettazione grafica e la stampa della pubblicazione. Il restante 25% è stato utilizzato per i materiali di supporto alla campagna #whosartfor e per l'organizzazione del convegno.

75% of the funds raised, a total of € 7,255, was used for the remuneration of the work of the selected authors, for translations, graphic design and printing of the publication. The remaining 25% was used for the support materials for the #whosartfor campaign and for the organisation of the conference.

COMMISSIONE DI SELEZIONE / SELECTION BOARD

Gabriele Boccacini, *Direttore artistico / Artistic Director of Stalker Teatro e Officine Caos, Presidente / President Comitato Emergenza Cultura Piemonte*

Paola Borrione, *Head of Research e Presidente / President Fondazione Santagata per l'Economia della Cultura*

Verena Caetano da Silveira, *Architetta Organizzativa, Direttrice Scientifica di / Organising Architect, Scientific Director of Antis Institute e socia di / and member of Rete al Femminile Torino*

Alberto Cuttica, *Consulente per lo sviluppo delle organizzazioni culturali / Development Consultant for Cultural Organisations ENGAGEDin e socio / and member of ASSIF – Associazione Italiana Fundraiser*

Stefania Doglioli, *Direttora / Director Centro Studi Pensiero Femminile*

Lea Iandiorio, *Project manager culturale e Vice Presidente / Cultural Project manager and Vice President of Rete al Femminile*

Pedro Medina, *Critico d'arte, curatore e Direttore di / Art critic, curator and Director of Editorial IED*

Carola Messina, *Project Manager Hangar Book e Direttore editoriale / and Editorial Director Robin Edizioni*

Catterina Seia, *Vice Presidente / Vice President of Fondazione Fitzcarraldo*

Elvira Vannini, *NABA - Nuova Accademia di Belle Arti di Milano e fondatrice di / and founder of Hot Potatoes magazine*

TRADUZIONI / TRANSLATIONS

Cristina Berardo
Francesca Sophie Giona (per il testo di / for the text by Nuvola Ravera)

R-set / Tools for cultural workers è un progetto sviluppato da Impasse (Nicoletta Daldanise e Irene Pittatore). Dal 2014 promuove il confronto pubblico sulle condizioni di lavoro nell'arte contemporanea, sul suo riconoscimento economico e su modelli sostenibili di produzione. R-set / Tools for cultural workers opera attraverso una piattaforma web, tavoli di confronto e campagne di sensibilizzazione, in collaborazione con enti di formazione, associazioni di promozione sociale e aziende (Politecnico di Torino / Dipartimento di Architettura e Design, Rete al Femminile, Costruire Bellezza, Casa di Ospitalità Notturna di via Ghedini, Ferrino, Print Club). R-set / Tools for cultural workers è tra i progetti vincitori del bando Risorse+ della Fondazione CRT e della call Hangar Point di Hangar Piemonte, un servizio di incubazione per le organizzazioni culturali dell'Assessorato alla Cultura e Turismo della Regione Piemonte.

R-set / Tools for cultural workers is a project developed by Impasse (Irene Pittatore and Nicoletta Daldanise). Since 2014, it has been promoting public debate on working conditions in contemporary art, on its economic recognition and on sustainable models of artistic production and use. R-set / Tools for cultural workers operates through a web platform, round tables and awareness campaigns on the occasion of art and design fairs, in collaboration with training institutions, social promotion associations and companies (Politecnico di Torino / Department of Architecture and Design, Rete al Femminile, Costruire Bellezza, Casa di Ospitalità Notturna of via Ghedini, Ferrino, Print Club). R-set / Tools for cultural workers is one of the winning projects in the Risorse+ call of Fondazione CRT and in the Hangar Point call of Hangar Piemonte, an incubation service for the cultural organisations of the Department of Culture and Tourism of the Piedmont Region.

www.r-set.it

www.associazioneimpasse.org

Rete al Femminile è l'associazione italiana di promozione sociale per lo sviluppo dell'imprenditoria femminile in tutti i settori. Opera a livello nazionale e locale, attraverso reti provinciali, con attività concrete di condivisione, aggiornamento professionale e networking, per diffondere la cultura economica e imprenditoriale fra tutte le professioniste d'Italia.

Rete al Femminile is the Italian association for the social promotion for the development of female entrepreneurship in all sectors. It operates at national and local level, through provincial networks, with concrete activities of sharing, professional updating and networking, to spread the economic and entrepreneurial culture among all professionals in Italy.

www.retealfemminile.com

Who's art for? Art workers against exploitation
a cura di Nicoletta Daldanise e Irene Pittatore

postmedia books 2019
postmedia books 2nd edition 2020
136 pp. 7 ill.
isbn 9788874902538

con contributi di:

Nicoletta Daldanise, Irene Pittatore, Paola Dubini, Anna Pironti, Alba Colomo and Lucy Lopez, Federica Fontana, Eva Frapiccini, Santa Nastro, Paz Ponce, Nuvola Ravera, Carme Sais Gruart, Anna Santomauro, Đejmi Hadrović, Valentina Miorandi, Sandrine Nicoletta, Giada Pucci

un progetto di

in collaborazione con

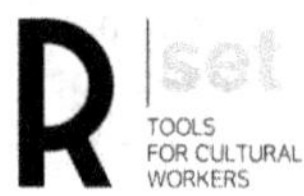

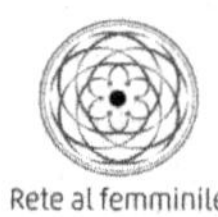

con il contributo di

con la partecipazione di

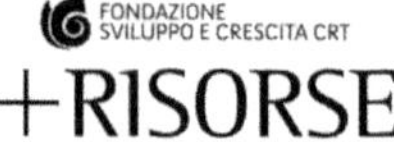

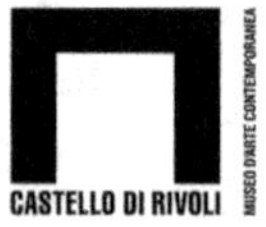

Postmedia Srl
Milano
www.postmediabooks.it

9 788887 490253